高职院校第二课堂
探索与研究

张 廷 于 健 胡一铭 主编

北京理工大学出版社
BEIJING INSTITUTE OF TECHNOLOGY PRESS

版权专有　侵权必究

图书在版编目（CIP）数据

高职院校第二课堂探索与研究 / 张廷，于健，胡一铭主编. -- 北京：北京理工大学出版社，2021.6
　ISBN 978-7-5682-9982-4

Ⅰ. ①高… Ⅱ. ①张… ②于… ③胡… Ⅲ. ①高等职业教育-第二课堂-教育研究 Ⅳ. ①G718.5

中国版本图书馆 CIP 数据核字（2021）第 130833 号

出版发行 /	北京理工大学出版社有限责任公司
社　　址 /	北京市海淀区中关村南大街5号
邮　　编 /	100081
电　　话 /	（010）68914775（总编室）
	（010）82562903（教材售后服务热线）
	（010）68948351（其他图书服务热线）
网　　址 /	http://www.bitpress.com.cn
经　　销 /	全国各地新华书店
印　　刷 /	北京虎彩文化传播有限公司
开　　本 /	880毫米×1230毫米　1/32
印　　张 /	5.75
字　　数 /	140千字
版　　次 /	2021年6月第1版
	2021年6月第1次印刷
定　　价 /	59.00元

责任编辑 / 江　立
文案编辑 / 江　立
责任校对 / 周瑞红
责任印制 / 施胜娟

图书出现印装质量问题，请拨打售后服务热线，本社负责调换

前　言

青年学生是宝贵的人才资源，是民族的希望、国家的未来。在当今世界正经历百年未有之大变局的背景下，在中华民族伟大复兴正处在滚石上山的关键时期，国家对高职院校人才培养提出了新的要求，培养理论素养与实践能力融合、专业能力与通用能力复合、个人才能与团队需求契合的高素质技术技能人才是高职院校的人才培养目标，也是实现中华民族伟大复兴中国梦的重要保障。

第二课堂是第一课堂的有效补充和延伸，不仅能培养大学生的综合素质，也能锻炼大学生的创新能力、学习能力、实践能力、就业能力和社会适应能力，是大学生成长成才的重要平台，更是解决"培养什么样人、如何培养人、为谁培养人"这一根本问题的重要途径。2018年，共青团中央、教育部联合出台《关于在高校实施共青团"第二课堂成绩单"制度的意见》，要求各高校充分借鉴第一课堂教学育人机制和工作体系，整体设计高校共青团工作内容、项目供给、评价机制和运行模式，实现共青团组织实施的思想政治引领类、素质拓展提升类、社会实践锻炼类、志愿公益服务类和自我管理服务类等第二课堂活动的科学化、系统化、制度化和规范化，实现高校大学生参与共青团第二课堂活动可记录、可评价、可测量、可呈现。

呼伦贝尔职业技术学院认真落实《关于在高校实施共青团"第二课堂成绩单"制度的意见》的文件精神，用科学化、系统化、制度化、规范化的第二课堂活动，保障大学生权利，助力大学生发展。经过三年的努力，以大学生的实际需求为导向的第二课堂活动蓬勃开展，已经实现了大型活动院级化、精品化；中型活动系部化、民族化；小型活动社团化、常态化；日常活动支部化、规范化，解决了高职院校第二课堂活动供需不平衡的难题。同时，七大活动板块搭建完成，目标清晰，用思想政治素养类活动培养理想信念坚定的社会主义事业建设者；用社会责任担当类活动培养具有家国情怀的社会主义事业奉献者；用实习实践能力类活动培养职业素养全面的社会主义事业践行者；用创新创业能力类活动培养勇于改革创新的社会主义事业创造者；用文体素质拓展类活动培养文化自信坚定的社会主义事业传承者；用青年成长履历类活动培养具备领导才能的社会主义事业开创者；用职业技能大赛类活动培养专业技术过硬的社会主义事业劳动者。职业化、特色化的第二课堂活动建设已初见成果。

　　本书的编写，是贯彻落实《关于在高校实施共青团"第二课堂成绩单"制度的意见》文件精神的具体举措；是梳理呼伦贝尔职业技术学院"第二课堂"建设经验，帮助其他高职院校进一步深入落实"第二课堂成绩单"制度的重要举措。本书着眼系统性、指导性、实用性的总体定位，采用理论分析、文献节选、资料注解和案例介绍相结合的编写方式，引入教育学、心理学、政治学、组织学等学科的学术成果，选编了大量来自基层一线、效果显著、便于推广的工作案例，为高职院校团干部开展第二课堂活动提供参考。

　　本书共包括第二课堂在高职院校人才培养中的重要作用、第二课堂活动概述、高职院校第二课堂建设存在的问题、高职院校第二课堂课程化建设、高职院校第二课堂思想育人研究、高职院校第二课堂实践育人研究、高职院校第二课堂文化育人研究、"第二课堂成绩单"制度建设体系和呼伦贝尔职业技术学院第二课堂制度汇编九个部分。张廷副教授对第二课堂的起源、发展和意义进行了总结，于健副教授对高职院校第二课堂建设存在的问题和高职院校第二课堂课程化建设进行了分析，胡一铭讲师从思想育人研究、实践育人研究、文化育人研究三个方面提出了解决方案，编委会全体教师对"第二课堂成绩单"制度建设体系进行了系统阐释。本书是呼伦贝尔职业技术学院共青团五年的实践成果，也将作为呼伦贝尔职业技术学院学生德育工作的指南。本书的编写离不开呼伦贝尔职业技术学院党政部门对青年工作的重视和支持，也离不开学院共青团战线全体团干部的努力和付出，衷心希望本书的出版能为广大高职院校进一步深入推进"第二课堂成绩单"制度建设，提升人才培养质量提供帮助。

　　本书难免有不足和错讹之处，恳请读者批评指正。

编　者

目 录

绪 论 …………………………………………………（001）
第一章 第二课堂在高职院校人才培养中的重要作用 …（005）
  第一节 追求大学生全面发展 ……………………（005）
  第二节 服务立德树人 ……………………………（007）
  第三节 完善育人体系 ……………………………（010）
第二章 第二课堂活动概述 …………………………（015）
  第一节 第二课堂的定义 …………………………（015）
  第二节 第二课堂活动的本质特点 ………………（018）
  第三节 第二课堂活动的功能 ……………………（022）
第三章 高职院校第二课堂建设存在的问题 ………（025）
  第一节 高职院校第二课堂建设的现状 …………（025）
  第二节 高职院校第二课堂建设中存在的问题 …（029）
第四章 高职院校第二课堂课程化建设 ……………（035）
  第一节 高职院校第二课堂活动课程理念 ………（035）
  第二节 高职院校第二课堂活动课程内容 ………（039）
  第三节 高职院校第二课堂活动课程设计 ………（042）
  第四节 高职院校第二课堂活动课程管理 ………（047）
第五章 高职院校第二课堂思想育人研究 …………（050）
  第一节 第二课堂与思想政治教育 ………………（050）
  第二节 思想政治教育类第二课堂建设路径 ……（060）
  第三节 呼伦贝尔职业技术学院青年马克思主义者培养工程典型案例 ……………………………………（065）

第六章　高职院校第二课堂实践育人研究 …………（073）
- 第一节　第二课堂与实践育人 …………………（073）
- 第二节　实践育人第二课堂建设路径 …………（077）
- 第三节　呼伦贝尔职业技术学院大学生暑期"三下乡"社会实践典型案例 ………………………………（084）

第七章　高职院校第二课堂文化育人研究 …………（116）
- 第一节　第二课堂在文化育人中的作用 …………（116）
- 第二节　校园文化类第二课堂建设路径 …………（119）
- 第三节　呼伦贝尔职业技术学院关于社团建设的几点思考 ………………………………………………（128）

第八章　"第二课堂成绩单"制度建设体系 …………（137）
- 第一节　课程项目体系 ……………………………（137）
- 第二节　活动管理体系 ……………………………（141）
- 第三节　工作运行体系 ……………………………（145）

第九章　呼伦贝尔职业技术学院第二课堂制度汇编 ……（147）
- 第一节　呼伦贝尔职业技术学院"第二课堂成绩单"制度实施办法 ……………………………………（147）
- 第二节　呼伦贝尔职业技术学院"第二课堂成绩单"制度积分学分计算办法 ………………………（150）
- 第三节　呼伦贝尔职业技术学院"第二课堂成绩单"活动审核标准规范 ……………………………（167）

参考文献 …………………………………………………（173）

绪 论

　　教育是国之大计、党之大计，教育事关国家发展和民族未来。党的十八大以来，习近平总书记围绕"培养社会主义建设者和接班人"的使命任务做出了一系列重要论述，2016年12月在全国思想政治工作会议上，习近平总书记站在党和国家事业发展全局的战略高度，深刻回答了培养什么人、怎样培养人、为谁培养人这一根本问题，并强调要把立德树人作为中心环节，把思想政治工作贯穿教育教学全过程，实现全程育人、全方位育人，努力开创我国高等教育事业发展新局面。

　　党的十九大以来，聚焦实现全员全过程全方位育人的目标，2017年中共中央、国务院出台的《关于加强和改进新形势下高校思想政治工作的意见》提出，要坚持全员全过程全方位育人，要求高等学校把立德树人作为根本任务，融入大学生思想道德教育、文化知识教育和社会实践教育各个环节，把思想价值引领贯穿于人才培养的全过程，把思想政治工作贯穿于高等教育教学全过程。《高校思想政治工作质量提升工程实施纲要》进一步详细提出了"十大育人"体系的实施内容、载体、路径和方法；2020年出台的《关于加快构建高校思想政治工作体系的意见》，进一步推动了高校思想政治教育工作创新发展，推进了"三全育人"综合改革，加强了高校思想政治工作体系建设。各高校也将坚持以立德树人为本，着力构建"三全育人"工作体系，不断提升人才培养的针对性和实效性，切实肩负起培养德智体美劳全面发展的社会主义建设者和接班人的神圣使命。

　　2019年2月，国务院下发的《国家职业教育改革实施方案》

第十九条明确提出在职业教育领域开展"三全育人"的改革试点，各专业课程与思想政治课程要保持同行同向，将大学生职业技能的养成与职业精神的培育有机融合起来。在当前职业教育改革的时代背景下，高职院校贯彻实施"三全育人"，培养德技双修的高素质技术技能人才，关系着国家职业教育改革实施方案的贯彻落实，关系着职业教育思想政治工作、大学生培育以及教育教学质量的提升。在深化"三全育人"综合改革的新形势下，高职院校坚持将思想政治教育融入教育教学各个环节，重视人才的全面发展和综合素质的提升，这也是学校发展和社会进步的需要。

一、新时代高职院校面临的新形势新要求

习近平总书记在全国教育大会上指出："培养什么人，是教育的首要问题。"并强调："我国是中国共产党领导的社会主义国家，这就决定了我们的教育必须把培养社会主义建设者和接班人作为根本任务，培养一代又一代拥护中国共产党领导和我国社会主义制度、立志为中国特色社会主义奋斗终身的有用人才。这是教育工作的根本任务，也是教育现代化的方向目标。"在新时代的召唤下，高校的内涵式发展建设呼之欲出，优质的育人工作被各界所看重。高等职业教育作为高等教育的一种类型，是培养专业人才的，它注重动手能力，强调以就业为导向，更加侧重培养大学生适应职业需求、适应岗位要求、适应社会需要的业务能力和具体操作技能。但是，随着我国产业结构转型升级，高等职业教育的"需求侧、供给侧"两端均已发生深刻变化。各行各业对高职人才的需求标准不再仅仅停留在对专业技能的考察上，更注重的是培养学生的创造精神、品质精神及服务精神，高技术人才具备过硬的政治素质和品德成为社会

发展的必然选择。而反观高等职业教育人才供给现状，技强德弱现象凸显，高素质劳动者和技术技能型人才紧缺的现实与社会对高职教育与日俱增的诉求与焦虑间的矛盾更加凸显。这就要求高等职业教育以社会需求侧为引领，实行人才供给侧改革，将德育元素融入教育教学各环节，优化高职人才供给结构，实现向培养德技双强的现代化高素质技术人才的转变，提升高职院校主动适应经济发展新常态的能力。

二、提升高职院校人才培养水平的新路径

党的十八大以来，以习近平同志为核心的党中央全面加强了党对教育工作的领导，坚持围绕培养什么人、怎样培养人、为谁培养人这一根本问题，提出坚持立德树人根本任务，加强学校思想政治工作，推进教育改革。在全国高校思想政治工作会议上，习近平总书记指出，要"重视和加强第二课堂建设"，重视实践育人，要创新方式，拓展途径，为大学生参与社会实践创造更多的机会和舞台。第二课堂育人作为高校人才培养的重要载体，是第一课堂教学的补充和延伸，它以活动主体的自主性、内容广泛性、形式多样性和参与实践性成为高校培养德智体美劳全面发展的时代新人的重要载体。第二课堂建设是推进高校思想政治工作不断改革创新，深度融入高等教育综合改革，不断完善大学生发展服务体系的迫切需要。第二课堂在高校育人过程中有着无可替代的地位，对大学生的个人成长和发展作用巨大。

作为新时代高校加强和改进大学生思想政治教育的新途径，第二课堂是将思想政治教育融入人才培养各环节的有效载体。为提升"三全育人"实效，2018年6月，共青团中央、教育部联合印发了《关于在高校实施共青团"第二课堂成绩单"制度

的意见》,要求各高校积极开展和推动第二课堂教育教学改革与实践创新研究,通过创新机制设计,凝聚"三全育人"合力,形成以大学生主体发展为中心,以社会应用为导向,依托互联网技术,实现高校内外第二课堂教育实践资源互联互通互补,持续推进第一课堂和第二课堂人才培养有机结合,创新和实践高校"第二课堂成绩单"制度育人体系,构建高校教育教学的有机整体,搭建第二课堂全方位育人平台,提升"第二课堂成绩单"制度育人实效。各高职院校也纷纷出台政策制度,建设以大学生为中心、将全员育人理念深入教育的每一个环节、全方位齐抓共管的系统工程,充分发挥大学生的主体作用,推动实现技能教育与品德塑造、能力培养与实践能力有机结合,构建新时代一体化第二课堂育人体系。

第一章
第二课堂在高职院校人才培养中的重要作用

推进高校第二课堂建设，是构建"三全育人"工作新格局、落实立德树人根本任务的重要一环，也是深化高等教育改革、推动基层共青团改革的内在要求，对于促进新时代高校思想政治理论课改革创新、培养德智体美劳全面发展的社会主义建设者和接班人具有重要意义。

第一节　追求大学生全面发展

随着我国产业结构的转型升级，高职教育的"需求侧、供给侧"两端已经发生深刻的变化。各行各业要求高职人才德技并重，高职院校大学生不仅要掌握专业技能，还要具备创新精神和工匠精神。第二课堂作为高校育人体系的重要组成部分，其内容涵盖了思想教育、社会实践、志愿服务、创新创业、校园文化等多个方面，是培养大学生思想品德、创新精神和实践能力的主阵地，在推动人才培养供给侧改革中发挥着第一课堂不可替代的作用。

一、第二课堂是提升素质教育的必由之路

2016年，习近平总书记在北京市八一学校视察时曾指出，"教育的核心是素质教育"。坚持立德树人，实施素质教育，促进大学生的全面发展，必须统筹规划社会实践教育环节。高校

第二课堂作为素质教育中极为关键的实践教育环节，是高校提高人才培养质量，找准关键点，聚力突破点，打造升华点的重要窗口。全面推进素质教育，我们要运用好第二课堂这个教育渠道，提高第二课堂教育的针对性和亲和力，满足大学生成长发展期待和发展需求，同时第一课堂也要守好一段渠、种好责任田，使第一课堂与第二课堂同向同行，相互补充，相互促进，形成协同效应，坚持以学生为本，牢固确立人才培养的中心地位，全面推进素质教育。作为实践养成的重要教育环节，第二课堂是第一课堂学习内容的补充、延伸和发展，能够实现激发大学生学习兴趣、培养大学生综合素质和能力、拓宽大学生视野、培养大学生社会责任感等教育目的，起到立德树人的教育作用，是提高大学生综合素质，全面推进素质教育的有效途径。总之，高校要真正做到立德树人，有效地造就和培养一批既能"仰望星空"志存高远，又能"脚踏实地"知行合一的人才，需要引导大学生走进社会生活的"大课堂"，借助第二课堂引导大学生主体塑造三观，激发大学生的发展潜能和培养大学生的社会责任感、实践能力、创新能力、沟通协调能力和人际交往能力等，让他们能够在丰富多彩的第二课堂活动中，坚定理想信念、明辨是非、养成良习、培养能力，最终成为德才兼备的高素质人才。

二、第二课堂是满足大学生成长需求的题中之义

美国心理学家马斯洛提出的需求层次理论，将人类需求从低到高按层次分为五种，即生理需求、安全需求、社交需求、尊重需求和自我实现需求。大学生正处于人生发展的关键时期，各类需求呈现出多元多向、交融交织、变化较快等特点。基于大学生的多样诉求，仅仅依靠在规定教学时间里进行的教学活

动远远不能满足其发展兴趣、交流交友、提升能力的各种要求，更不能满足不同学龄、不同专业、不同特长的大学生有倾向性地发展自我的强烈需求，而第二课堂则为其提供了宽广的空间、灵活的时间、多样的内容、丰富的形式、个性的团体，既可以有效延伸专业技能教学活动，促进专业技能和专业素质的提高，又可以开展创新素质培养，使学生个体的素质特点得到自由发挥，还可以通过群众性文体活动促进大学生身心和谐发展。在人才培养过程中，第二课堂课程已经成为大学生发展个性、增进交往、开阔视野、提升素质的重要选择。从人才培养和学校工作全局的角度，各高校按照"国家所望、社会所需、青年所求"的原则，注重因材施教，根据不同大学生的自身素质、兴趣爱好和职业规划方向等，有针对性地培养具有过硬的政治素质、良好的学习成绩、高涨的工作热情、较强的创新能力的大学生。

第二节　服务立德树人

第二课堂是落实立德树人根本任务的必然要求。党的十八大以来，以习近平同志为核心的党中央坚持把立德树人作为教育的根本任务，党的十九大报告提出："要全面贯彻党的教育方针，落实立德树人根本任务，发展素质教育，推进教育公平，培养德智体美全面发展的社会主义建设者和接班人。"第二课堂作为大学生提升素质、发展个性、交流交往、增强能力的主要平台，承载着以德育人、以文化人、以行立人等教育功能，是探索落实立德树人根本任务的有力抓手。

一、立德树人在高校人才培养中的重要作用

高校立身之本在于立德树人，大学生是大学存在与发展的根本。人才培养是大学的最初使命，无论何时都不曾改变。高校只有抓好人才培养，才不会偏离方向，才能办人民真正满意的教育。高校树立立德树人的教育理念，能够深刻、全面地回答我国大学教育"培养什么人、如何培养人"的核心问题。立德树人的教育理念以大学生个人成长需求为出发点和立足点，能够有效弥补当今高校人才培养工作的薄弱环节，助推大学生社会价值观、知识、素质与能力一体化的形成，为大学生的全面成长成才创造优越的条件。高校要有效地凝聚育人工作之力，必须以立德树人为人才培养的根本任务。因此，只有把立德树人作为高校人才培养的根本要求，才能坚持正确的人才培养方向，突出承担使命、人格塑造、知识传授、素质培养、奉献社会、能力锻炼的培养要求，开创全方位育人、全程育人的新局面。

二、第二课堂是落实高校立德树人根本任务的必然要求

我国教育的根本任务是立德树人，是培养社会主义建设者和接班人。要实现这一目标，必须有培养社会主义建设者和接班人的教育体系。习近平总书记指出："要努力构建德智体美劳全面培养的教育体系，形成更高水平的人才培养体系。""人才培养体系涉及学科体系、教学体系、教材体系、管理体系等，而贯通其中的是思想政治工作体系。"因此，创新高校第二课堂育人体系，充分发挥第二课堂的自主性、课外性、灵活性、渗透性，能够因"势"、因"群"、因"业"开展活动，有利于聚

焦重点任务、重点群体、薄弱环节，优化内容供给，加强分类指导，着力因材施教，做在日常、做到个人，满足大学生成长发展需求和期待；有利于落实立德树人根本任务，实现思想政治工作因事而化、因时而进、因势而新。

三、第二课堂是构建"大思政"工作格局的关键途径

立德树人作为教育的根本任务，是我国高等教育现代化全面推进素质教育的行动指南和指导思想，是素质教育的价值追求和核心目标。为进一步落实立德树人根本任务，中共教育部党组印发《高校思想政治工作质量提升工程实施纲要》，明确提出要充分发挥课程、科研、实践、文化、网络、心理、管理、服务、资助、组织等方面的育人功能，切实构建"十大育人"体系，这为高校全面启动推进"三全育人"工作提供了实践标准。"学思并重，知行合一"的第二课堂是综合素质、能力培养的重要载体，是高校文化育人、实践育人的主阵地，是进行素质教育行之有效的途径和手段，具有形式活泼、内容新颖、场域广泛的实践特性和第一课堂无法替代的育人作用。首先，第二课堂的实践性让大学生在实践参与中成为马克思主义的坚定信仰者和忠诚实践者，从而不断提升高校思想政治教育工作的实效性；其次，第二课堂的主体性优势让大学生在自我认知中不断自我发现、自我学习、自我思考、自我实践，激发创新创业能力；再次，第二课堂的综合性可以让大学生在自我教育、自我管理以及自我发展中不断坚定文化自信、加强团队意识和沟通能力、提升就业竞争力，在竞争中提升职业素养，这些特性让第二课堂逐步成为高校落实"三全育人"系统工程的重要着力点。梳理第二课堂中的思想政治教育元素，挖掘立德树人与第二课堂之间的耦合关系，将"三全育人"不断引入第二课

堂教育之中，将受教育者在理想信念、道德品质、素质素养、能力素养等方面的培育贯穿于人才培养的全过程、各环节，是构建高校"大思政"育人格局的题中之义。

第三节 完善育人体系

中共中央、国务院印发的《中长期青年发展规划（2016—2025年）》要求通过探索实施高校共青团"第二课堂成绩单"制度等途径，帮助大学生开阔视野、了解社会和提高综合素质。"第二课堂成绩单"制度有助于推进第一课堂与第二课堂的深度融合，构建更高水平人才培养体系，打造更深层次课程架构格局，设计更强动力价值应用引擎，全员全过程全方位培养大学生的综合素质，助力高校培养德智体美劳全面发展的社会主义建设者和接班人。"第二课堂成绩单"制度内涵丰富，包含实践育人、文化育人、网络育人、心理育人、管理育人、服务育人、组织育人等方面工作，是思想政治教育工作的重要组成部分，"第二课堂成绩单"的启动为运用大数据技术和方法评价思想政治教育质量提供了全新思路。

一、"第二课堂成绩单"制度实施

为了落实习近平总书记提出的"要重视和加强第二课堂建设"的重要要求，促进大学生综合素质的提升，2016年，团中央启动全国高校"第二课堂成绩单"制度试点工作，对大学生综合素质内涵和外延有了进一步的界定，提出了"以学生需求为中心、以社会需求为导向"的设计理念，对高校研究并建立科学合理的大学生综合素质培养体系提出了迫切要求。2017年

4月，中共中央、国务院印发的《中长期青年发展规划（2016—2025年）》中再次强调，要丰富大学生创新实践平台，通过探索实施高校共青团"第二课堂成绩单"制度等途径，帮助大学生开阔视野、了解社会和提升综合素质。2018年7月，共青团中央、教育部印发的《关于在高校实施共青团"第二课堂成绩单"制度的意见》中指出："第二课堂成绩单制度是充分借鉴第一课堂教学育人机理和工作体系，实现共青团组织实施的思想政治引领、素质拓展提升、社会实践锻炼、志愿服务公益和自我管理服务等第二课堂活动的工作体系和工作制度。"

2018年秋季学期，全国各高校根据广大青年学生的成长成才需求，坚持以提高大学生综合素质为核心，以提升创新实践能力为目的，出台"第二课堂成绩单"制度实施方案，构建课程项目体系，紧紧围绕思想政治素质培养、文体素质拓展、志愿公益服务、创新创业创造、实践实习实训、技能特长培养等内容，聚焦人才培养目标，充分借鉴第一课堂教学模式，坚持开放包容、协同育人，合理设计好课程项目体系。构建记录评价体系，突出客观性、写实性、价值性、简便性，灵活采用记录式、学分式、综合式等评价方法，对学生参加第二课堂情况进行描述性评价，形成科学的评价记录。构建数据信息体系，依托数据信息体系开展课程项目的发布、管理、评估，实现大学生参与课程项目的记录、评价、认证，建立自下而上、逐级审核、及时更新的信息采集、审核、发布机制。构建动态管理体系，建立标准健全、多方参与、多级评价的共青团第二课堂质量监测评估体系，充分运用互联网、大数据等现代信息技术，对大学生参与第二课堂情况进行分析评价，科学评估第二课堂育人成效。构建价值应用体系，突出共青团"第二课堂成绩单"的结果应用和价值发掘，推动共青团"第二课堂成绩单"成为大学生在校期间评奖评优、升本推研、推优入党以及用人单位选人用人等的重要依据。通过模块化制度体系的建立，在各高校形成全方位、多层次的活动体系，提升高校的育人实效性。

二、"第二课堂成绩单"制度实施的意义

"第二课堂成绩单"制度坚持"融入人才培养大局、坚持服务大学生发展需求、坚持发挥第二课堂优势、坚持突出基层主体地位"的基本原则，充分借鉴第一课堂教学育人机理和工作体系，整体设计高校共青团工作内容、项目供给、评价机制和运行模式，实现第二课堂活动的科学化、系统化、制度化、规范化，实现高校大学生参与第二课堂可记录、可评价、可测量、可呈现的一套工作体系和工作制度。高校"第二课堂成绩单"制度是"大学生素质拓展计划"的继承和发展，是对"开展什么样的第二课堂实践活动、怎么开展第二课堂实践活动"这两个基本问题的初步思考和有益尝试，是中国特色高等教育理论改革创新的重要内容，具有重大的理论价值和现实意义。

（一）指导高校第二课堂实践活动

"要完善人才培养质量标准体系，全面实施素质教育，把促进人的全面发展和适应社会需要作为衡量人才培养水平的根本标准。"大学生的素质大体可分为专业素质和综合素质。在大学生综合素质培养中，第一课堂和第二课堂起着不可估量的作用。一方面，依托第一课堂教学的积累和渗透，将大学生综合素质的培养纳入教学安排的中心环节；另一方面，通过第二课堂实践活动的组织和引导，全面提升大学生的综合能力和水平。尤其是第二课堂实践活动具有天然的优势，在活动参与和内容形式方面，具有更加自由灵活的开放性特征。"第二课堂成绩单"制度倡导制定符合高校大学生实际的一揽子制度，科学规划高

校第二课堂实践活动的内容和形式，解决"为谁开展活动、怎么开展活动"的"最后一公里"问题，为高校切实开展第二课堂实践活动提供了具体的指导和明确的思路。

（二）丰富高校人才培养体系理论

"建设教育强国是中华民族伟大复兴的基础工程，必须把教育事业放在优先位置，深化教育改革，加快教育现代化，办好人民满意的教育。"从高职院校实际来看，"确立第二课堂在高等教育育人体系中的基础地位，科学规划第二课堂，实现第二课堂运行与管理的规范化与系统化，是提高创新人才培养能力的基本措施。"第二课堂作为高校人才培养的重要组成部分，是第一课堂课程教学的有益补充和深化，是实现高校人才培养目标的重要途径，是大学生素质教育和创新思维培养的重要阵地。"第二课堂成绩单"制度围绕高职院校人才培养定位，在引导大学生坚持以学业为主的同时，针对大学生在校期间的普遍需求，通过对第二课堂工作内容、评价机制等进行整体设计，探索规范化、课程化、制度化的工作模式，形成富有特色、全方位培养大学生综合能力素质的制度机制，进一步丰富高校人才培养体系理论。

（三）完善中国特色高等教育制度

"高等教育制度是高等教育内部影响和制约高等教育发展的因素，是在它的运行过程中相互关联所形成的对内和对外的制度性关系的约束体系。"高等教育制度是高等教育形成和发展的产物，是高等教育内部发展的重要机制。高等教育制度的创新是高等教育改革与发展的关键环节。长期以来，西方发达国家在高等教育制度上进行着许多有益探索，为我国当前的高等教育管理体制改革提供了借鉴和参考。改革开放以来，我国在高等教育制度创新方面取得了丰硕的成果，其中就包含第二课堂育人体系在人才培养中的重要作用。第二课堂既是高校思想政治理论实践教育的重要环节，又是高校专业技能教学活动的有效延伸，同时也是高校服务大学生成长成才的重要阵地。高校"第二课堂成绩单"制度作为中国特色高等教育制度创新的重要内容，彻底改变了以往单一成绩单量化考评的模式，实现了"两个课堂、两份成绩单"，更加翔实具体地描述了大学生在校期间的综合表现，对于不断完善中国特色高等教育制度具有重大的指导意义。

第二章
第二课堂活动概述

高校第二课堂是指学校在教学计划所规定的教学活动（第一课堂）之外，组织和引导大学生开展的各种有意义的课外活动，包括知识性、学术性、文艺性、健身性、公益性活动等，是对第一课堂的重要补充。第二课堂教育以大学生的主体性、形式的灵活性、实践的可持续性、发展的全面性和第一课堂无法替代的育人作用，成为实施素质教育的重要载体，越来越受到高校的重视。

第一节 第二课堂的定义

第二课堂为大学生搭建了充分展示各自创造能力的平台，为他们提供了个性化发展的机会，具有第一课堂不可替代的优势和作用。第二课堂自1983年概念提出后，先后经历了萌发或发展阶段、快速式发展阶段和立体式展开三个阶段，逐步形成日益完善的育人支撑体系。

一、第二课堂的提出

1983年，国内学者朱九思在《高等学校管理》一书中率先提出第二课堂概念，"是指在教学计划之外，引导和组织大学生开展各种健康的、有意义的课外活动。"第二课堂自提出以来即受到众多国内研究者的关注。"第二课堂"是一种综合性的概念，是指学校在教学计划之外引导和组织大学生开展各种有价值、有意义的课外教育活动。第二课堂是第一课堂的延伸，传统第一课堂的教育模式往往是教条式的，所传授的知识也往往是抽象的。大学生很难将课堂所授知识和自己的实践结合起来，也无法将所学知识转化为分析问题和解决问题的能力。第二课堂作为第一课堂的延伸，打破了传统教育教条的单一模式。第二课堂形式新颖、内容丰富，不受空间的限制，大学生可根据自己的兴趣特长和素质特点有选择地参与活动，可将积累的基础知识和理论转化为实践能力和辩证思维，可激发学习兴趣与内在动机，从而逐步提高知识的输出与应用能力第二课堂还可使高校在教学过程中发挥培养大学生综合能力的作用。此外，第二课堂也提升了大学生的主体地位，将以教师为主体的传统教学模式转变为以大学生为主体的模式，更注重大学生的实际参与和创造，在教学内容设计过程中让大学生参与进来，在教学互动中进一步推进师生的交流并激发大学生的主观能动性。大学生通过参与第二课堂活动的方式来学习，并且在参与实践活动过程中提升自我。

二、第二课堂的发展历程

（一）萌发式发展阶段（1999—2002 年）

1999 年以前，国内各高校的大学生第二课堂活动零星开展，没有成为社会、学校的系统工作，大多由大学生自行组织开展，大学生第二课堂与大学生素质发展及相关领域的研究成果相对较少。随着我国科学技术突飞猛进，国际竞争日趋激烈，传统的集中化、专业化、同步化、标准化的单一课堂教育方式和"以教科书为中心、以课堂为中心、以教师为中心"的教学体制，既不能完全适应社会的发展要求，也不能完全满足大学生智力和非智力成长的要求。此时，高校急需一种新的课堂教育教学方式，以突破单一的、固定化的传统课堂教育教学体制，提高我国高校的教学水平和人才培养水平。1999年，中共中央、国务院出台《关于深化教育改革全面推进素质教育的决定》，深化与明确了素质教育的目的，即高等教育要重视培养大学生的创业精神、创新能力和实践能力，普遍提高大学生的科学素质和人文素养。该决定的出台，对高校培养具备良好综合素质和能力的人才提出了更高的要求，素质教育成为各高校大学生培养的重点。随之第二课堂对素质教育发展起到的重要作用也初见端倪，大学生第二课堂相关领域逐渐成为专家研究的重点。

（二）快速式发展阶段（2002—2009年）

2002年，共青团中央、教育部、全国学联联合出台了《关于实施"大学生素质拓展计划"的意见》。大学生第二课堂教育纳入国家层面发展计划，这为大学生第二课堂研究提供了政策依据。该意见指出要以培养大学生的思想政治素质为核心，以培养实践能力和创新精神为重点，普遍提高大学生的科学素质和人文素养，强调计划的实施要注重第一课堂与第二课堂相结合、课内外相结合、学习与实践相结合。第二课堂活动以大学生为主，大学生自愿参加，活动丰富多彩、灵活多样、实践性强，突显了大学生的主体性、形式的灵活性、实践的可持续性、发展的全面性和独特的育人功能，而且在扩展大学生知识面，培养大学生的各种能力，激发大学生的非智力因素（如兴趣的培养、创新意识的激发、良好人格的塑造以及开拓、进取精神的培养）等方面发挥着非常重要的教育作用。同时，国家也出台其他政策，强化素质教育，2001年教育部出台《关于加强高等学校本科教学工作提高教学质量的若干意见》，强调要加强实践教学，注重大学生实践能力和创新精神的培养；2005 年教育部、共青团中央等印发的《关于进一步加强和改进大学生社会实践的意见》，提出把大学生社会实践纳入教学计划，不断丰富社会实践的内容，切实加强对大学生社会实践的领导。在多项政策的扶持下，第二课堂越来越受到高校的重视，第二课堂进入快速发展阶段。

（三）立体式发展阶段（2010 年至今）

2016 年共青团中央、教育部联合印发《高校共青团改革实施方案》，为推行高校共青团"第二课堂成绩单"制度的建设与实施提供了契机。2018 年，共青团中央、教育部印发《关于在高校实施共青团"第二课堂成绩单"制度的意见》，使研究领域愈加细化，对大学生第二课堂学分制、评价体系、主要模式、平台建设等领域进行了统筹，对不断探索创新课程项目设置、教学模式、教育管理体系、活动模式、人才培养模式等提出了意见，第二课堂呈现立体发展态势。

第二节　第二课堂活动的本质特点

第二课堂是第一课堂的延伸，是对高校常规教学的重要补充。第一课堂的任务是对人才按一般性要求广泛培养，第二课堂则是解决人才个性展示、特长发展问题的重要途径。第二课堂不仅能够开发大学生智力和陶冶大学生情操，更能够增强大学生的技术技能和创新创造能力，而且对于大学生全方位素质的提升有着极大的促进作用。因此，大学生的主体性、形式的灵活性、实践的广泛性和发展的全面性是第二课堂的重要特征。

一、大学生的主体性

大学生是在课余时间进行第二课堂活动的，活动内容包括思想引领类、社会实践类、创新创业实践类、实习实践类、素质拓展类等。课余时间是大学生可以自由支配的时间，尽管高校是在该时间段内组织的活动，但是不能强制要求大学生参加，而应以大学生的意愿为主，大学生可以完全按照自己的意愿自行组织和参加。当然，一旦大学生选定参加某项有组织的第二课堂活动，必须要自觉遵守这项活动的规定和要求。第二课堂活动的开展，大学生的兴趣是基础，大学生的个人志向是依托，整个活动过程会最大限度地调动和发展学生的潜能，激发大学生的热情，促使他们不断地深入学习与探索，将需求转移到人际关系、修养和实践等方面，为大学生个性、潜能、素质和创造力的发挥搭建平台。如此，大学生的主体作用得到发挥，主动性、积极性和创造性得到调动，内部驱动力充分体现，大学生个体与第二课堂就形成了积极的互动。

二、形式的灵活性

第二课堂是与第一课堂相区别的一种教育途径和方式，它没有纳入国家正规的或专业的教学大纲，但是，应纳入学校的工作计划和人才培养方案，由学校相关部门或人员统一组织和引导。大学生自愿参与，采取灵活多样的方式，绝不做强制性要求，要充分体现因材施教的原则。第二课堂活动从内容上看，包括思想政治素养、志愿服务、暑期社会实践、创新创业、技能大赛、文体活动等多项内容，大学生可以按照各自的专长和兴趣爱好，在第二课堂这个广阔的舞台上自由驰骋，形成一种充满合作、竞争、研讨和创新进取的氛围；从组织形式上看，既可以以班级为单位集体进行，也可以以小组或个人的形式进行，不对参加活动的人做年级与专业的限制，只要大学生具备相应的条件，志愿参加即可；从实现方式上看，既可以采取授课的形式，也可以采取同学之间、师生之间交流的形式，还可以采取走访调研、社会实践的形式；从活动时间和地点上看，采取活动时间长短不一、活动地点广阔，大学生可以自由掌握参与第二课堂的时间，自主进入所选择的第二课堂地点。此外，第二课堂具有适合不同需求和不同层次的大学生参与的多种模式，侧重于互动式、体验式和实践式。在具体的第二课堂活动中，生生之间，师生之间，可以自由交流，互相启迪。总之，在第二课堂上，教师可以采用因材施教的教育实现方式，根据大学生群体各个方面的特征，有针对性地进行教育，帮助他们扬长避短，使他们按照正确的方向实现自我提升与完善。第二课堂教育可以使大学生各尽其才，充分调动主观能动性和积极性，使其在丰富多彩、满足自身需求的活动中得到知识传授、素质提升和能力塑造。

三、实践的广泛性

学习的目的就是灵活运用理论知识，更好地走向实践，更好地解决实际问题，但是课堂教学偏重理论，在应用活动与深度实践方面受到限制。第二课堂作为课堂教学的发展与延伸，弥补了第一课堂"说教式"知识传授的弊端，是理论与实际相连的桥梁，其生命力就在于本身所具有的实践性。第二课堂重视培养大学生的社会实践认知能力，以实践和体验为核心，以解决实际问题为导向，力图为大学生提供更多的实践机会，并搭建良好的实践平台。勤工俭学、青年志愿者、暑期社会实践、社会调查、社会服务等实践活动，能让大学生通过思考与实践，整合、拓展和激活专业知识，获得直接的个人经验和知识应用能力，让大学生在学校就能感知到社会环境的复杂性、多样性，使其初步形成直观的判断，找到适合自己的发展领域和方向。同时，第二课堂具有丰富的社会活动类型，能够满足不同类型大学生的需求。它不仅能够促进大学生了解国情、了解社会、增长才干，还可以提高大学生参与实践的积极性，有针对性地培养大学生的实践能力，提高大学生综合解决实际问题的能力并学会把握全局。可见，第二课堂是大学生社会实践工作得以持续发展的前提，能够为大学生社会实践工作的开展注入不竭的"源头活水"，增强其生命力。

四、发展的全面性

第二课堂的本质要求是促进大学生的全面发展，第二课堂是大学生综合素质、能力培养的重要载体，是素质教育全面推进的必需。第二课堂不仅符合大学生全面发展的要求，也符合社会发展对高素质人才的要求。第二课堂教育尊重大学生的主体地位，根据大学生需求和社会发展需要，创造适合大学生发展的丰富多彩的活动，努力提升大学生的自我素质与能力，促进其全面发展。同时，第二课堂具有明显的主动性、针对性、灵活性和实践性等特性，能够创建各种有利于大学生全面发展的条件，以便全面释放大学生个体的积极性、创造性和主观能动性，引导他们朝着有道德、有理想、有纪律、有文化的"四有"方向健康发展第二堂课是大学生实现自我、提升素质与培养能力的载体。大学生从最初怀着不同的兴趣和目的走进第二课堂，到系统地接受第二课堂教育，培育了良好的人格，提高了综合素质和能力，实现了全面发展（如人格塑造、个性发展、组织能力、实践能力、创新能力和身心健康的改善等）。

第三节 第二课堂活动的功能

第二课堂作为一种实践教育形式,与第一课堂相互匹配、相互补充,活动组织更有保障,活动内容更有针对性,活动方式更加规范有序。第二课堂具有第一课堂所没有的功能,是大学生自我教育、自我管理与自我服务的教育形式。它不仅能够激发大学生强烈的人格向往与人格实践活动,培养大学生的道德修养、素质素养和综合能力,还能为大学生实现自身价值输入源源不断的动力,实现高校人才培养要求与大学生人格品质、素质、能力的现实化与社会化。

一、导向功能

导向功能是指运用启发、动员、教育、监督、批评等方式,把人们的思想和行为引导到符合社会发展要求的正确方向上。第二课堂的导向功能是指,在具体的条件和环境下,通过各种途径和方式,帮助大学生对学习和生活中的社会文化进行选择、扬弃,同时继承、发扬社会主流价值观,将大学生培养成社会主义事业的合格建设者和可靠接班人。

第二课堂是在专业教师的指导和相关部门的管理下进行的具有一定导向性的活动体系,活动内容积极向上,目标明确清晰,能够充分发挥大学生的爱好、特长和兴趣,促进大学生的成长成才和高等教育育人目标的进一步实现,这个过程既是一种思想导向的过程,也是一个实践操作过程。第二课堂活动始终符合社会的主流价值观,与社会的发展方向基本保持一致,具体体现在以下几个方面:一是引导大学生树立正确的世界观、人生观、价值观，培养他们爱国、爱党、爱社会主义的政治情感和政治态度；二是引导大学生将个人的奋斗目标与社会的发展目标统一起来，脚踏实地地做出贡献；三是规范大学生的思想行为，提升其道德素养和法纪意识。

二、实践功能

第二课堂具有开放性、社会性、实践性，从第二课堂的特点可知，它更倾向于直接经验、实践活动技能的获得。与第一课堂相比，第二课堂活动更强调让大学生在亲身实践过程中，理论联系实际，学以致用，体验生活与社会，从而锻炼自身能力。大学生可以利用第二课堂这一阵地广泛地参与社会活动，在获得锻炼和体验的同时，人际关系、工作环境、社会心理等方面也得到训练。这种知识和经验不仅在完善大学生的知识结构、提升社会洞察力和提高人际交往能力上发挥了巨大的作用，还使大学生在走向社会前积累了丰富的社会经验，加速了大学生社会化进程。此外，大学生可以了解社会对人才素质的基本要求，并通过自身不断地更新知识结构，更好地适应当下的社会竞争。

三、创造功能

第二课堂具有自主性、互动性和灵活性，开展教育活动时，第二课堂活动不规定参与者的资格条件，如年级、专业等，而是按大学生的兴趣开设，将具有共同价值目标、兴趣爱好的大学生聚集在一起以团队的形式出现，打破了科系和班级的界限，使不同需求、不同个性和不同角色的团队成员，能够进行良好的情感交流和知识互补，有效地改善了第一课堂教学中所采用的交流模式，突出了被教育者自我教育的作用。大学生作为活动的设计者和参与者，拥有很大的自由选择权，这样就大大激发了大学生自身的创造性。

四、凝聚功能

第二课堂融思想性、知识性、趣味性于一体，寓教于乐，把大学生共同的兴趣和积极性调动起来，改变了传统的说教模式，实行充分互动，大学生在服务、奉献的过程中学到知识，在实践中得到锻炼和发展，甚至从帮助对象中，得到赞许和肯定，这种氛围能激发成员对奋斗目标产生使命感、自豪感、认同感和归属感，对大学生有着极大的吸引力，从而使大学生形成内聚力和群体意识，将个体目标整合成集体目标，通过相互配合、感情交流而产生集体凝聚力，这有利于团队合作精神的培养。

五、"三自"教育功能

高等教育是一个过渡性教育，该阶段的教育能够真正地实现大学生自我教育、自我管理与自我服务的重要任务。第二课堂活动的主体是大学生，第二课堂教育贯彻以生为本理念，强调大学生的主体地位，尊重大学生的需求。大学生主动、自愿参与各类第二课堂活动，能够在活动中独立思考，充分展示才能，突出个性，培养素质、能力。通过主动的参与，大学生很容易以亲身体验和实践来深刻领会和检验知识，以此培养自我教育意识，最终实现终身的自我教育。通过第二课堂的"三自功能"，大学生可以充分发挥自身的主动性和自主性，培养自我教育意识，达到"自我教育、自我管理、自我服务"的功效，更好地服务于自身的全面成长。

第三章
高职院校第二课堂建设存在的问题

党的十八大以来，以习近平同志为核心的党中央坚持把立德树人作为教育的根本任务，党的十九大报告提出："要全面贯彻党的教育方针，落实立德树人根本任务，发展素质教育，推进教育公平，培养德智体美全面发展的社会主义建设者和接班人"。2017年教育部发布的《高校思想政治工作质量提升工程实施纲要》中提出，充分发挥课程、科研、实践、文化、网络、心理、管理、服务、资助、组织等方面工作的育人功能，构建"十大育人"体系。可以说，这"十大育人"除课程育人外，其他均需要第二课堂的全程参与。2018年，随着《关于在高校实施共青团"第二课堂成绩单"制度的意见》的印发，多数高职院校已经出台本校"第二课堂成绩单"制度实施管理办法，教师和学生都认可第二课堂在立德树人方面的影响和作用，但是也依旧存在着育人导向不明、缺乏有效供给、缺乏统筹规划、缺乏课程建设、缺乏专业指导、缺乏平台搭建、缺乏评价体系等问题。

第一节 高职院校第二课堂建设的现状

高职院校思想政治教育工作的成效不仅直接影响高校自身的发展，也会影响当地社会和经济的发展乃至国家安全稳定的局面。第二课堂是加强思想政治教育的主要阵地，厘清高职院校第二课堂建设的现状，健全第二课堂育人机制，对推进高校思想政治教育工作改革创新、增强其感染力和实效性具有重要意义。

一、高职院校大学生的特点

（一）认知水平不齐

随着社会主义市场经济快速发展，社会对高素质应用型技能人才的需求不断加大，因而高职教育在培养技能型人才上的作用日益凸显，逐渐在整个高等教育体系中占据重要地位。高职教育在推动我国高等教育事业发展、促进经济社会发展和劳动就业率提高等方面发挥了举足轻重的作用。但是，近几年随着全国高考生源数量的不断下降，原本就生源紧张的高职院校面临着更加严峻的招生难题，不仅其生源结构发生变化，而且总体生源的质量也有所下降，这在很大程度上增加了高职院校培养高素质技能人才的难度，不利于高等职业教育的长远发展。高职院校生源多样化且学生认知水平参差不齐，从高职院校生源的来源看，一部分学生来自普通高中，这些学生由于在填报志愿时失误，而以较高的成绩进入高职院校，从而造成了强大的心理落差，另一部分学生是在初中期间出现厌学、叛逆心理，父母为了让他们掌握一技之长而选择职业院校。这部分学生在基础理论知识方面存在差异，在动手实践能力方面也存在差异，这大大增加了高职教师的授课难度。

（二）目标需求多元

虽然高职院校对学生的培养目标非常明确，即为生产、服务第一线培养综合职业能力强和全面素质高的应用型人才，但是随着市场对高技能人才需求的多元化，对高职大学生的培养也提出了新的要求。获得技能本领是他们的首要目标需求，其他综合能力的提升也是他们重要的目标需求。因此，这些大学生在接受教育的过程中目标需求呈现多元化的特点，这对高职教师、教学课程体系以及社会实践实习等都提出了新的需求，价值诉求也逐渐提高。

（三）思想觉悟不高

当前中国正处于社会发展的转型期，受各方面因素影响，大学生的思想觉悟意识呈现下降趋势，特别是高职院校的大学生由于对党史国史、时政要闻的了解不够深入，存在着责任意识缺失现象。虽然，当前高职院校大学生的整体思想政治状况是良好的，但部分大学生在对待一些问题上态度冷淡、责任意识缺失。

二、高职院校第二课堂建设的现状

（一）供给内容体系与高职院校大学生的融合度不够

高职院校既有高校的共同特征，又有其特殊性。从生源质量上来看，高职院校是在本科院校录取后招录，生源质量较差，但高职院校大学生实践能力强于理论学习能力；从就业去向上来看，多数毕业生就业于地方生产、建设、管理和服务第一线，服务地方产业发展。以上因素决定了高职院校第二课堂活动既要因材施教，加入工匠精神，满足高职院校大学生成长需求，又要因地制宜，融入职业素养，服务地方产业转型升级。

目前，高职院校中高质量第二课堂供给不足。例如，职业素养类项目供给不足，随着我国经济发展方式转变、地区产业转型升级，产业对人才的需求已发生变化，高职院校人才培养需要更加深入地融入区域创新体系，服务地方产业发展。但是高职院校对办学定位和职业教育发展规律认识不足，缺乏服务地方产业、提升职业素养的第二课堂项目；实习实践类第二课堂项目与地方产业衔接紧密度不够，与校企合作深度不足，无法服务地区经济发展；校园文化类第二课堂项目和企业文化、工匠精神、职业素养融合度不够，无法帮助大学生建立职业认同感；科技创新类第二课堂项目与学科建设结合度不够，忽视了主体性因素，对大学生吸引力不强。同时，缺乏创新思维和专业指导低质量的第二课堂供给过剩，无法满足大学生的需求，导致大学生对第二课堂失去兴趣。

（二）供给方式创新与大学生建功的统一性不强

当代大学生生逢强国时代，肩负强国使命，需要适应国家经济社会发展的新要求，适应知识更新更快、科技变革加深的新潮流，需要增强专业知识学习，积极参与创新创业、素质拓展、社会实践等活动。但是，目前高职院校第二课堂供给方式依旧需要继续创新。一方面，大学生面对纷繁复杂的社会思潮，理想信念还不够坚定，对于自己肩负的历史责任和时代使命认识不够深刻，需要创新第二课堂思想引领方式培养大学生的责任意识。另一方面，由于第一课堂倾向于专业理论知识的传授，大学生在面对社会经济运行、管理运作等实际问题时，没有足够的能力去解决，这就需要创新第二课堂培养模式，推动第一课堂和第二课堂深度融合，提升大学生的实践能力和水平。

第二节　高职院校第二课堂建设中存在的问题

我国历来注重职业教育，新时代高职院校既有高校的共同特征，又有其特殊性，阐述高职院校第二课堂建设现状并分析问题产生的原因，是深挖高职院校的育人要素、推动高职院校人才培养供给侧改革的基础。

一、育人导向不明确

高校"第二课堂成绩单"人才培养方案主要依据育人机制创新、人才培养需要、思想政治教育使命三个要素制定，但是不同于本科院校，高职院校与地方经济发展密切相关，需要紧紧围绕地方行业特点及经济建设的转型升级而教学，为地方建设培养高素质技能人才。高职院校在实践育人顶层设计时多参考高校第二课堂培养方案而忽略其自身特性，一方面，未能紧密围绕服务地方产业发展的办学目标而灵活设置专业和方向；另一方面，未能依据大学生的实际需要、兴趣、个性、潜能而设置活动，导致实践活动与实践主体的契合度较低。

二、缺乏有效供给

习近平总书记在全国高校思想政治工作会议上指出，做好高校思想政治工作，要因事而化、因时而进、因势而新，要遵循思想政治工作规律，遵循教书育人规律，遵循学生成长规律，不断提高工作能力和水平。作为思想政治教育的重要组成部分，充分发展第二课堂以满足大学生的学习生活需要是第二课堂建设的重中之重。高职院校肩负着为地方培养高素质技能人才的重要使命，与其他普通高等院校既有相同之处，又有独特之处，既有与其他高职院校一样的教学任务，又因其自身特色而与大学生构成特殊关系。在高校，第二课堂活动项目供给的主体是学校，供给的客体是大学生，高职院校在供给第二课堂活动项目中应该紧密围绕这两个特性因事而化、因时而进、因势而新，把握"三大规律"，有针对性地供给项目。但是，高职院校的第二课堂活动项目设计多参考本科高校，没有从高职院校大学生的思想特点和办学的实际需求出发来优化教育目标、教育内容、教育方法、教育载体等各方面教育要素，未能有的放矢地开展第二课堂建设，它既没有按照高职院校办学宗旨、办学特色和人才培养方案，针对高职院校大学生需求，来优化教育载体结构，提升第二课堂教育的职业性，也没有根据工匠精神和职业素养的需要细化教育目标体系、增强第二课堂育人的实效性，从而导致活动脱离实际，对大学生吸引力不足，大学生参与度不高。

三、缺乏统筹规划

第二课堂的育人特点决定了教育教学内容的复杂性，教学主体多元、教学方式灵活催生了第二课堂"课前规范、课中监督、课后评价"的自身工作闭环，而这需要学校各部门相互合作完成。《团中央学校部关于推广实施高校共青团"第二课堂成绩单"制度的通知》提出，"第二课堂成绩单"的实施，要在学校党委统一领导下，由校内教育教学、学生工作、后勤保障等多个部门共同合作完成，而以共青团组织为主要实施方。然而，高职院校"第二课堂成绩单"的执行主要是共青团组织在一力推动，学校层面重视和统筹不够，主要原因是：第一，站位不高，没有从立德树人的高度把握第二课堂独特的育人功能；第二，统筹规划不充足，缺乏对第一课堂和第二课堂的协同建设，第二课堂实践活动与思想政治理论课、专业课教学内容缺乏精准对接，知识性教学难以真正融入实践性教学，这严重制约了大学生道德行为的养成、实践能力的提升；第三，各部门的协调合作不够，缺少统一的组织管理，各部门大多独自开展第二课堂活动，甚至在重大历史节点扎堆开展，尽管活动参与人数较多，但活动效果不佳；第四，政策制度不健全，缺乏考核评价、监督激励机制，两大课堂评价机制尚未融通，高职院校往往将易量化的第一课堂成绩作为大学生的主要评价标准，而未将第二课堂成绩真正纳入大学生综合素质测评体系；第五，数据对接不及时，第二课堂活动报名系统、学校 OA 系统、教务管理系统数据分离，自成体系，无法形成一体化的大数据体系。

四、缺乏课程化建设

2018 年出台的《关于在高校实施共青团"第二课堂成绩单"制度的意见》中已经明确规定了第二课堂课程体系，第二课堂作为高校育人体系的子系统，除与第一课堂相互补充外，也是一个独立的育人平台，其具有自身的育人体系和运行机制。但是，高职院校对第二课堂课程体系建设重视不够，缺乏顶层设计，未将第二课堂融入学校的人才培养方案进行统筹部署，第二课堂的顶层设计、目标管理、内容管理、系统运行尚不健全，第二课堂活动的保障机制、制度建设尚不完备，课程化建设进程缓慢。具体来说，就第二课堂课程化建设内容而言，相应的第二课堂微团课、微课程、"青年大学习"正在逐步有效推进，但是还未形成完备的课程体系；就第二课堂课程化建设设计而言，多数高职院校没有将第二课堂成绩单写入人才培养方案，没有规定相应的学时和学分，考勤考评不到位，第二课堂活动开展不规范；就第二课堂学分设定而言，多数第二课堂以活动的形式开展，并积累积分，积分和学分的转换机制尚未明确；就第二课堂活动课程化建设而言，高职院校大学生参与实践活动处于无序状态，虽然大部分高职院校均已开展实习实践、志愿服务、创新创业等活动，但是仅实习实践实现了课程化，其他活动内容未被纳入实践课程体系，同时实践课程建设也存在以下两方面问题：管理上，实践教学管理不规范、教师参与机制不健全、实践课程建设不完善，导致实践教学课时不足、指导教师缺乏、内容形式化等问题；内容上，高职院校对实践育人资源挖掘不全面，与学科建设、校园文化建设对接不通畅，对工匠精神、职业素养等利用不充分，工匠精神无法融入实践育人，校内外实践基地无法实现最大程度的开发和利用。可见，高职院校第二课堂仅仅是作为大学生参与校园集体活动的一种途径和手段，缺乏完备的课程体系，从而导致"第二课堂成绩单"制度实施效果不佳。

五、缺乏专业指导

第二课堂缺乏稳定、专业、高水平教师队伍的指导，第一课堂和第二课堂两大课堂师资各成一体，学工队伍、思政教师、专业教师之间彼此割裂，第二课堂师资的结构性矛盾凸显。目前，高职院校第二课堂的组织、管理、指导均以团委和学生管理工作教师为主，他们对第二课堂活动的指导更加注重思想政治教育、心理健康教育、资助育人等内容，而对大学生创新创业能力的激发、就业竞争力的增强和职业素养的提升指导力不足，尤其是一些需要专业背景、技术知识的创新创业类活动，缺少专业教师的参与、指导、评价、改进，大学生的创新发明及科研想法无法转化。

六、缺乏平台搭建

促进学生全面成长成才的一个重要途径就是搭建校政企合作协同育人平台,从当前校政企协同育人模式来看,包括"企+校""政+校""政+企+校"三种模式,但是大多数情况下是分开合作,即使校政企三方合作,也只是停留在表面,政府职能发挥不充分,缺乏刚性的监管机制和保障机制,高职院校社会服务能力不强,对行业企业合作育人的吸引力较弱,企业缺乏合作动力,参与育人的积极性不高,校政企协同育人没能在职业教育的发展和企业追求经济效益之间找到平衡点,无法保证企业在合作中的权益追求与主体地位,导致大多数企业在产教融合中处于被动消极的地位,影响了校政企间的深度产教合作。

七、缺乏评价体系

记录评价体系是"第二课堂成绩单"的实施核心,主要是针对大学生参与第二课堂活动的情况,建立系统的记录、审核、评价机制。灵活的教学计划和多样的教学场所导致了教学评价机制的复杂性和教学效果评估的片面性。高职院校没有单独开发自己的第二课堂记录系统,多数通过"到梦空间"管理系统的大数据直观反馈内容,其能较为全面地反映大学生参与第二课堂活动的情况,并且能对相应教育教学活动进行评价和反馈,进而优化第二课堂教育教学活动的完善与迭代。但是,由于具体的教育教学过程难以监控、教学效果不易测量等问题,导致第二堂课活动缺乏科学的评价主体、评价内容和评价标准,并且教学成果显现度不高,考核评价方法不规范,效果评价机制不完善。此外，由于普及率低，"第二课堂成绩单"在学校人才培养质量评估、大学生综合素质评价、社会单位选人用人等方面应用认同度不高。

八、缺乏资金场地

由于缺乏专项活动经费的投入，缺乏校内软硬件设施的供给及社会系统的支持，大大制约了第二课堂在高职院校人才培养中应有作用的发挥。充足的经费和场地是第二课堂建设的物质保障。经费不足、场地不够也是限制第二课堂发展的重要因素之一，社团公益类的优质小型活动由于经费缺乏不能持续化开展，实习实践类、创新创业类的大型活动由于场地缺乏不能全员化开展，第二课堂活动无法达到预期效果。

第四章
高职院校第二课堂课程化建设

习近平总书记在全国高校思想政治工作会议上指出，做好高校思想政治工作，要因事而化、因时而进、因势而新，要遵循思想政治工作规律，遵循教书育人规律，遵循学生成长规律，不断提高工作的能力和水平。高等职业教育的根本任务是培养服务地方产业发展的高素质技术技能人才，针对高职院校第二课堂建设中存在的特色类活动和职业素养项目供给不足等问题，高职院校要根据地区发展需要面向需求侧、改革供给侧，加强第二课堂课程化建设，充分满足大学生的学习生活需要。

第一节　高职院校第二课堂活动课程理念

从深化教育领域综合改革的视野来看，高职院校基于供给侧建设第二课堂，就要深挖第二课堂实践育人资源，明确第二课堂在高职院校人才培养中的定位，打造"第二课堂成绩单"新引擎，注重第一、第二课堂协同育人和深度融合实效，加强制度建设、理顺工作权责、强化运营机制、完善网络管理，提高整体的人才培养质量。

一、第二课堂活动设计基本原则

一是明确定位，服务学校立德树人根本任务，将第二课堂作为第一课堂的有益补充，成为学校人才培养的重要组成部分和服务大学生成长成才的重要抓手。二是打造引擎，把推行"第二课堂成绩单"作为学校在新形势下构建"大思政"工作格局的新引擎。三是注重实效，本着忠于事实、便于操作、易于推广的原则，在工作设计中重科学实用、重学生体验、不贪大求全。

二、第二课堂活动实施目标

实施好第二课堂活动课程化建设，离不开制度和规定的约束，否则无法见证大学生的个人成长足迹。"第二课堂成绩单"制度作为国民教育体系与学校育人中心工作的最佳结合点，在学校立德树人根本任务和人才培养中心工作方面有着积极作用。高职院校要紧紧围绕"深化产教融合、校企合作、培养高素质劳动者和技能型人才"的核心任务，结合学校实际，以提升人才培养质量为目标，以大学生全面成长成才为导向，以"文化育人"为牵引，以高职院校办学实际和青年成长成才需要为出发点，以"第二课堂成绩单"制度为依托，坚持改革创新与思想引领相结合、服务地方产业发展与专业建设相结合、传承传统文化与文化育人相结合、弘扬工匠精神与职业素养相结合，通过思想政治素养、社会责任担当、实习实践能力、创新创业能力、文体素质拓展、青年成长履历和技能培训认证七大类活动进行第二课堂课程化建设。高职院校要探索特色化"第二课堂成绩单"制度，面向需求侧、改革供给侧，解决好高职院校第二课堂建设供需不平衡的问题，切实发挥好第二课堂在服务立德树人和人才培养中的作用。

三、第二课堂活动量化评价体系

第一课堂成绩单运用学分、学时来控制课程学习的数量，以不同形式考核不同的课程，对检验课程学习质量进行严格把关，科学严谨地对大学生课程学习结果进行认定。第二课堂可以借鉴第一课堂的内在机理和运行模式，打造第二课堂活动与项目管理的工作制度，实施"第二课堂成绩单"制度，建立科学的量化评价体系，保证第二课堂课程化的科学性和可操作性。

（一）夯实具体制度建设，科学运作量化体系

高职院校需要结合自身情况因地制宜做出改变和创新。要从顶层设计上协调好学校各职能部门的工作范围，根据不同学校第二课堂中思想成长、实践实习、志愿公益、创新创业、文体活动、工作履历、技能特长等不同板块的实际需求整合资源，统筹建立系统的第二课堂管理制度，根据大学生全面发展的实际需求设定"第二课堂成绩单"评价标准，设置学分转换机制，将第一、第二课堂有机结合。

（二）理顺实际工作权责，各司其职协调管理

系统性工程要求匹配相应的人力和保障机制，尤其是在量化评价认定和考核的工作流程上要做到清晰明确，规避含混不明、认证不清、互相推诿甚至作弊造假的现象。"第二课堂成绩单"制度的推进应上升到学校人才培养的高度，需要各部门参与和协作。从内容上看，第二课堂人才培养应由学生处、团委、教务处等多部门组成，任何一个单独的部门都没有办法做到全面规划和统筹兼顾。从大部分高校的经验来看，"第二课堂成绩单"制度需要学校统筹部署，多部门通力合作。只有学校出台

相关制度要求，将第二课堂培养与第一课堂培养相结合，才能建立科学合理的第二课堂管理机制。

（三）建立科学的运行机制，实现立德树人目标

"第二课堂成绩单"制度贯穿于每个大学生的大学时期，内容涉及学习、实践等各个方面，关系到每位大学生的素质教育，需要科学设计、精心规划、认真组织。建立高效的"第二课堂成绩单"制度的运行机制，首先要构建完善的项目体系，根据学校人才培养需求、学科特点等内容制订第二课堂人才培养计划，确定具体的课程数量、类型和时间安排，统一发布到网络平台，大学生可根据个人发展需求选择相应课程，也可以通过查询课程记录规划个人时间和发展目标。其次团组织要充分发挥引导作用，帮助大学生科学选择学习项目，通过学分、积分等激励政策，使大学生充分利用第二课堂弥补自身素质短板。最后要做好认证记录，待毕业时可以导出数据，大学生出国深造、就业等都可以以此为依据，可以作为主修课程之外的评价标准。大学生在大学期间有系统、有规划地接受素质教育，有利于培养健康积极的心理，有利于提高自身的思想道德素质和科学文化素质，有利于增强自己的适应能力、就业能力和自主创业能力。

（四）完善网络管理系统，利用数据有效规划

从量化评价体系的发展脉络及现状不难看出，网络管理系统的进步在很大程度上决定了评价体系的科学性和规范性。实施"第二课堂成绩单"制度，利用高效的网络管理系统对大学生参加的活动进行记录和量化，在促进大学生参加第二课堂活动、增长能力的同时，对其第二课堂活动进行记录，形成成长轨迹，可据此制订第二课堂培养计划，使大学生第二课堂成长更有科学性和系统性。

第二节　高职院校第二课堂活动课程内容

在供给侧结构性改革背景下，高职院校围绕党的立德树人根本任务，遵循思想政治工作规律、人才培养规律、学生成才规律，以学生的内在需求为中心，促进第二课堂项目活动与思想政治教育、志愿公益服务、社会实践活动、精品校园文化传播等内容深度融合，全方位、多层次地设计高职院校第二课堂活动体系，提高大学生综合素质和创新实践能力，发挥第二课堂育人的实效。

一、分类引导，纵向联合设计第二课堂课程内容

（一）思想政治素养

强化思想政治教育和价值引领，引导大学生铸就理想信念、锤炼高尚品格。通过讲座、团课、团日活动，将第二课堂与世情、国情、党情、社情联系起来，用习近平新时代中国特色社会主义思想武装广大青年，巩固思想政治教育主阵地，引导广大青年增强"四个意识"，树立"四个自信"，成为理想信念坚定的社会主义事业的建设者。

（二）社会责任担当

使大学生树立家国情怀，激发大学生使命担当。通过志愿服务、社会实践，将第二课堂与专业能力、实践能力培养结合起来，帮助大学生接触社会、融入社会、服务社会，使其切身感受到党的政策方针带给社会的巨大变化，激发其正确的价值

追求，促使其用实际行动诠释家国情怀，成为具有家国情怀的社会主义事业的奉献者。

（三）实习实践能力

提升大学生解决问题的能力，完成校园到社会的过渡，提升综合素质和就业竞争力。通过加强校企合作，将第一课堂内容延伸到工厂、医院、企业等实习场所，帮助大学生在实习中了解企业运营状况、体会企业管理与文化，引导大学生树立正确的就业择业观念，不断展示和完善自我，逐步成为职业素养全面的社会主义建设的践行者。

（四）创新创业能力

激发大学生科技创新和科学研究的兴趣和潜能，培养大学生创新精神、创业意识和创新创业能力。通过举办科学知识、专业技术知识、创新创业知识等相关讲座，鼓励大学生参与技术开发、教科研项目研究等科研活动，通过举办"挑战杯""创青春""互联网+"等各级各类创新科技竞赛，构建开放式的课外创新实践平台，为大学生提供提升创新能力的平台，使大学生成为勇于创新的社会主义事业的创造者。

（五）文体素质拓展

以文化人、以文育人，增强师生文化自信。坚持"内涵式"与"群众性"相结合，紧贴时代主题和大学生成长需求搭建校园文化平台，依托校园文化艺术节，打造精品校园文化品牌项目，开展健康向上的系列文化活动，推动传统文化活动不断转型升级，实现大型院级活动精品化、中型活动系部化和特色化、小型活动社团化和常态化、日常活动支部化和规范化，提升校园文化活动覆盖率，培养具有坚定的文化自信的中华民族传统文化的传承者。

（六）青年成长履历

发挥纽带功能，加强"三自"管理，促进大学生全面发展。鼓励大学生参加学生会、社团等学生组织，从活动策划、过程实施到总结分享全程参与运行管理，在活动参与中独立思考，在团队合作中提升团队意识，在活动组织中提高组织协调能力与沟通能力，成为具有领导才能的社会主义事业开创者。

（七）技能培训认证

营造崇尚技能的氛围，提升大学生专业技能水平，培养大国工匠。引入校外优质课程，建立校内外导师库，成立校内"智创空间""大师工作室"，鼓励大学生参与技术开发、教科研项目研究等科研活动，鼓励大学生参加各级技能大赛，考取职业资格证，使其成为技术过硬的社会主义事业劳动者。

二、统一量化标准实现"七大分类"

根据高职院校办学实际，出台"第二课堂成绩单"实施办法，将"第二课堂成绩单"的课程项目体系分为思想政治素养、社会责任担当、实习实践能力、创新创业能力、文体素质拓展、青年成长履历、技能培训认证七个类别，按照活动板块的教学内容和主办级别设置学分，完成不同类型与级别的活动将分别获得不等学分。

思想政治素养类课程项目是指参加国家级、省级、市级、校级、院级组织的各类思想政治与道德素养类活动。

社会责任担当类课程项目是指志愿服务活动及其他志愿公益赛事。

实习实践能力类课程项目是指参加假期社会实践活动、日常实践活动、校外社区和企业实习锻炼。

创新创业能力类课程项目是指参加国际级、国家级、省级、市级、校级、院级及行业协会组织的各类学术科技、创新创业竞赛活动，以及大学生科研论文及专著的发表、专利的申请等。

文体素质拓展类课程项目是指参加国际级、国家级、省级、市级、校级、院级组织的各类文化、艺术、体育、人文素养等活动。

青年成长履历类课程项目是指参加学校团学组织的工作和校外的社会工作；参加学校各类注册社团并积极组织或参与社团活动；参加学校勤工助学活动等。

技能培训认证类课程项目是指大学生在校期间通过学校统一组织考试或自己学习深造而获得的各类职业技能证书以及参加国际级、国家级、省级、市级、校级、院级组织的技能大赛获奖。

此外，在校学习期间，大学生除了必须完成人才培养方案所规定的第一课堂学分，还要于毕业前修满第二课堂规定的学分方能毕业。学生要完成第二课堂必修学分，完成者方能参评综合奖学金、三好学生、优秀学生干部、三好标兵、"五四评优"等各类校、院级奖励和荣誉。第二课堂学分达到优秀等级以上才可参评学校"优秀毕业生"。

第三节　高职院校第二课堂活动课程设计

在第二课堂活动系统化设计的基础上，借鉴高校第一课堂成绩单的内在机理和工作模式，打造第二课堂活动与项目管理的工作制度和工作体系，保证其科学性和可操作性。同时，高职院校应当在促进大学生提升综合素质的基础上不断完善活动内容，为第二课堂活动课程的开展提供指导和帮助，以满足大学生个性发展的需求。

一、第二课堂实践教学体系的构建原则

（一）"以学生为本"原则

大学生是第二课堂活动的主体，在课程设置、指导教师选聘、活动设计和组织实施等整个过程中要突出学生的自主性，学校和教师要做好引导、监督和考核工作，要打破教师主导、大学生被动参与的局面。鼓励大学生围绕兴趣爱好长期深入参与一系列第二课堂活动，让大学生通过系统锻炼获得较大提高。要充分考虑大学生的个体差异，尊重大学生个性发展，通过差异化的课程设计，实现因材施教。

（二）导向性原则

在充分考虑大学生实际情况及保护其个性的同时，对其基础能力素质提升进行有效的引导。良好的思想道德修养、较高的社会实践能力是每个大学生都要具备的，应规定所有大学生都要参与相关的活动及课程。对于学术研究、艺术创作等要求较高能力素养的活动及课程，鼓励有能力有兴趣的大学生参与并长期坚持下去。

（三）实践性原则

第一课堂教学是以传授知识为主，让大学生获得专业的知识和技能，而第二课堂教学的目的是让大学生通过亲身实践将知识转化为能力素质，把课堂所学与实际应用密切结合起来，因此在第二课堂活动的设计、开展和考核中要以实践为主，注

重大学生的主动参与程度、亲身体验感受，让大学生在实践中提升动手能力，提升运用所学知识解决实际问题的能力。

二、第二课堂实践教学体系的构建

（一）学分制的课程体系

按照"目标规划体系化、课程活动模块化、工作运行一体化、记录评价可量化"的方法，将"第二课堂成绩单"作为一门课程发布。各学科专业出台符合本学科发展需求的人才培养方案，将第二课堂活动归类到思想政治素养、社会责任担当、实习实践能力、创新创业能力、义体素质拓展、青年成长履历、技能培训认证七个板块中开展。在校生在完成第一课堂学习要求的基础上，至少修满四个"第二课堂成绩单"学分方可毕业，指导教师完成指导工作量可换成课时。大学生"第二课堂成绩单"成绩采用积分换算学分方式计算。获得第二课堂活动10积分，可以折算兑换"第二课堂成绩单"1学分。

（二）指导教师考核激励体系

教师在第二课堂实施过程中起到重要的引导作用，要充分调动专业教师的积极性，建立完善的激励机制和考核机制。参考第一课堂教学工作量核算办法进行计算，将教师指导第二课堂活动计入工作量，第二课堂教师工作量分为五类，第一类是思想政治教育培训、讲座等，指导教师工作量参考第一课堂教学工作量进行计算；第二类是指导大学生参加创新创业竞赛，指导教师工作量根据每个作品取得的成绩计算；第三类是带领大学生参加社会实践，指导教师工作量按照参加社会实践天数折合成满课状态的标准课时计算；第四类是指导大型文体活动，指导教师工作量根据教师实际工作时间折算一个标准课时进行工作量核算；第五类是指导团支部活动及"第二课堂成绩单"成绩录入，指导教师按照指导人数进行计算。

三、第二课堂内容完善充实

（一）统筹做好内容设计

将思政课作为团员教育的重要课程，通过建立思政课教师队伍与学工队伍的日常联系沟通机制、本科生思政班主任制度、思政课集体备课制度等，在对不同思政课内容加强衔接研究的同时，统筹做好主题团日、团课和思政课内容的有效衔接，将团日活动和团课主题与思政课专题相结合。此外，还应积极探索建立团员队伍建设与思政课学习情况的关联机制，将思政课成绩纳入团员评议、青年马克思主义者培养工程体系，引导大学生不断提高个人思想理论素养。

（二）建立特聘讲师制度

建立思政课教师担任大学生理论社团指导教师和大学生党校团校讲师制度，并纳入教师考核指标。成立由思政课教师为主要成员的专家理论宣讲团，以先立项后宣讲的方式，针对大学生关心的理论热点开展研究，深入学生支部与大学生面对面进行交流，提升理论宣传的针对性和实效性。建立荣誉体系，激励广大思政课教师全过程全方位深入参与大学生思想政治教育工作。

（三）统筹实践教学环节

开设"大学生社会实践"课程，该课程按照32学时标准安排教学计划，统筹分配在各门思政课教学计划中。同时将各门思想政治理论课的实践环节和大学生"第二课堂"社会实践相结合，促进思想政治教育向课前和课后延伸，形成从入学教育、课内外实践、社会实践到毕业教育的全过程实践教育体系。

（四）组建"实践导师团"

成立由思政课教师、党政干部、学工队伍共同组成的百人"实践导师团"，主要负责提供社会实践选题指导、理论培训并根据实际带队开展实践。结合国家重大战略和重大主题，设计社会实践的内容和形式，每年指导实践队伍到祖国各地开展实践，打造"行走的课堂"。

（五）建设第二课堂"金课"群

突出"思想性、规范性、创新性、塑造力、吸引力"的建设内涵，以思想政治引领和价值引领为育人目标，面向大学生成长成才的实际需求，挖掘第二课堂育人价值，提升第二课堂育人实效，科学设计活动任务、环节流程、评价办法等要素。规范性和创新性是建设"金课"的主要要求，将思想性贯穿于第二课堂教育的各个环节，让大学生"爱参与、有收获、真成长"。

（六）建立质量管理制度

学习借鉴第一课堂课程的规范化思维和标准化做法，建立从活动申请设立到评价反馈的闭环质量管理体系。制定"教学大纲"作为第二课堂活动的质量控制标准，明确影响第二课堂质量的关键要素，确保第二课堂活动育人目标明确、基本要素完善、任务安排充实、环节设置科学、评价办法合理。建立多方参与的过程监控和督导体系、监测评估体系，设计评价指标、评估对象、评价主体、评价方法、结果运用等，确保第二课堂教学质量，真正建设一批过硬的第二课堂思政"金课"群。

第四节　高职院校第二课堂活动课程管理

第二课堂课程化建设，是一种以目标为导向的过程管理，是对第二课堂活动管理进行资源整合、优化配置、提高效率的最佳选择。第二课堂活动管理应以大学生全面发展为目标，要建立管理制度、制定考核办法、运用网络加大管理力度、加强组织领导，通过鼓励大学生参加经过科学、系统、规范设计的第二课堂活动培养实践能力和创新精神。

一、建立管理制度

建立规范的管理制度是第二课堂活动课程化的实施基础。高职院校围绕"第二课堂成绩单"建立相应的管理制度，引入"学分制"，学校出台具有职业教育特色和符合大学生成长需求的《"第二课堂成绩单"制度实施办法》，并配套《"第二课堂成绩单"项目活动审核标准规范》《"第二课堂成绩单"积分认定标准》《"第二课堂成绩单"积分学分换算办法》，各二级学院编制整理《"第二课堂成绩单"人才培养方案》，并汇编成《"第二课堂成绩单"制度建设白皮书》，发挥"第二课堂成绩单"的考核评价作用和指挥棒作用，以提升基层团组织活力，加快共青团工作科学化、标准化、系统化进程，促进大学生综合能力的提高和就业竞争力的提升。同时，还要重视"第二课堂成绩单"制度的宣传，只有基层团组织学习、理解、认可、吸收了制度，才能保证制度的顺利实施和有效推进。

二、制定科学系统的考核方法

建立科学系统的考核方法是第二课堂活动课程化的重要环节，应结合第二课堂活动的特点，借鉴第一课堂的模式机理，将日常考勤和平时表现等过程考核纳入第二课堂活动考核。在设计成绩单时要充分考虑用人单位对大学生的素质要求，为用人单位选人用人提供可靠依据。同时，成绩单的设计要避免"对证记分"现象，使成绩不仅覆盖获得成绩的大学生，而且覆盖活动的组织者、志愿者和观众，使活动的所有参与者都能够得到全面公正的反映和评价。

三、运用网络平台

网络平台运用是第二课堂活动课程化的主要手段，在实施第二课堂课程化的过程中，各高校可以根据自身情况，依托专门的网络管理平台和手机 App 进行信息化管理，例如，依托"到梦空间"进行模块划分、信息发布、过程管理和效果评价，客观记录、评价、审核大学生参与第二课堂活动的情况，使第二课堂活动的管理从线下转移到线上，从经验型直接指导转向数据化辅助决策，由粗放式管理变为集约化管理。为了避免出现活动审核松、漏、混等不良现象，一定要选择纪律严明、责任心强的团干部和学生骨干参与平台管理，对其严格要求，定期开展系统的培训工作和工作经验交流活动，建立一支科学可靠和高效的队伍。

四、运用数据信息管理

数据信息管理是第二课堂活动课程化的供给保障。通过信息化工作管理平台后台数据，分析不同专业大学生对活动的喜好，以及大学生对活动效果的反馈意见，采取有效措施促进第一课堂和第二课堂的紧密互补与协调发展，让第二课堂贴近第一课堂、贴近社会需求、贴近大学生梦想，为大学生成长成才提供指导帮助，服务学校人才培养大局。可将诚信机制引入第二课堂活动管理体系，通过信息化工作平台实时记录大学生参与活动的动态情况，避免"报名了却不去参加"的情况发生。还可将学业警示引入第二课堂活动信息化管理体系，对于未按要求完成学时、学分的大学生，可进行等级预警，通过基层团组织谈话、帮扶等措施，督促大学生完成学时，提升大学生综合素质。

五、加强组织领导

组织领导是第二课堂活动课程化的前提条件。高职院校应采取学校统筹、院系及各部门组织实施的方式实行，同时还应成立专门的"第二课堂"建设与评定指导委员会，制定"第二课堂成绩单"实施办法，统筹教育教学资源，推动部门协同，监督"第二课堂成绩单"制度实施。委员会下设"第二课堂成绩单"认证中心，在领导小组的领导下，统筹全校第二课堂活动项目的设计，认定、管理第二课堂学分，建立学分预警系统，统计反馈第二课堂活动项目的开展情况，维护"第二课堂成绩单"网络管理系统并开展相关培训，认证发放"第二课堂成绩单"，接受大学生咨询等。各二级学院应成立"第二课堂"指导工作组，负责制定学院第二课堂培养方案，指导第二课堂活动项目实施，接受学校第二课堂管理中心授权，完成院级及以下"第二课堂成绩单"活动项目的审批和学分管理工作，配合学校第二课堂管理中心做好本学院大学生第二课堂学分的统计及相关咨询答疑等。同时，各团支部、团小组设立"第二课堂"发起部落，负责"第二课堂"活动的创建、发起、策划和组织。

第五章
高职院校第二课堂思想育人研究

　　加强高职院校第二课堂思想育人研究，目的就是强化思想政治教育和价值引领，引导大学生铸就理想信念、掌握丰富知识、锤炼高尚品格。高职院校主要通过讲座、团课、团日活动，将第二课堂与世情、国情、党情、社情联系起来，用习近平新时代中国特色社会主义思想武装广大青年，巩固思想政治教育主阵地，引导广大青年增强"四个意识"，树立"四个自信"，成为理想信念坚定的社会主义事业的建设者。

第一节　第二课堂与思想政治教育

　　从1978年全党的工作重心转移到社会主义现代化建设上来以后，思想政治教育在高等教育中越来越重要。社会实践、校园文化、网络环境、心理健康教育、党团组织建设、班级社团活动等都是思想政治教育第二课堂的表现形式，是大学生自我教育、自我管理、自我服务的组织载体，这些不同于课堂教育的教育途径发挥了大学生自身的积极性和主动性，达到了思想政治课堂教育所不能及的效果，第二课堂是思想政治教育实施的有效途径。

一、思想政治教育与第二课堂的对立统一

　　思想政治教育第一课堂和第二课堂是对立统一的关系。首

先，第二课堂坚持了实事求是原则，在遵循思想政治规律、教书育人规律、学生成长规律的基础上，一切从学生成长需求的实际出发。第一课堂注重理论知识的传授，突出教师的主导地位，强调通过系统化、正规化的课堂讲授对大学生进行马克思主义理论教育，帮助大学生积累知识储备，完善知识结构。而第二课堂注重联系实际，一切从实际出发，是课堂教育在知识传授方面的补充和提升，但其不等同于思想政治理论课实践教学，它从大学生成长需求这一实际出发，强调大学生的主动参与性和教学形式的灵活多样性。尽管第二课堂的总构想已纳入学校教育的培养方案中，但不同于课堂教育主要由教师主导，第二课堂主要由学生主导，更多体现出学生自我教育、自我管理的特征，以期达到加深和巩固课堂所学知识理论的目的。

其次，第二课堂坚持了实践和理论相结合的原则，贯彻了以学生为本的理念，彻底地落实了马克思主义实践观。第二课堂以第一课堂为基础，第二课堂思想政治教育功能的实现有赖于对第一课堂理论知识的准确理解和系统掌握，而第二课堂又是第一课堂理论知识转化为实践的桥梁，是对第一课堂的有机补充，具有完善教育需求的功能，体现了思想政治理论课第二课堂在实践基础上形式与内容、方法与本质的内在统一。同时，将大学生在课堂教育中接受的理论知识经由实践活动，生成大学生自己的体验与认知，从而内化为大学生自己的意识与品质。正确运用第二课堂思想政治教育功能是当前高校在新形势下加强和改进大学生思想政治教育的需要，第二课堂已成为实现德智体美劳全面发展教育目的不可或缺的手段和途径。

最后，第一课堂和第二课堂作为不同的教育形态互为补充，缺一不可。实践是价值研究的现实基础，通过实践，主客体才能实现双向转化，即主体客体化和客体主体化，这种过程是进一步学习和内化的过程。思想政治教育第一课堂和第二课堂帮助大学生完成这种转化，第一课堂指导第二课堂有效开展和生动实践，第二课堂深化巩固第一课堂所学知识内容，两者有机配合，共同服务于思想政治教育目的的实现，实现大学生对客观世界的逻辑把握并使其具备一定的价值选择和价值判断能力，使他们最终成为社会主义现代化事业的合格建设者和可靠接班人。

二、思想政治教育第二课堂的发展

（一）第一阶段（1978—2004年）

1. 思想政治教育

这一阶段高校思想政治教育的总体思想为"解放思想，改革开放"、坚持四项基本原则、培养"四化"人才。1978年，党的十一届三中全会在北京举行，全会做出决定，全党的工作重心转移到社会主义现代化建设上来；同年12月，教育部决定在全国恢复和增设169所普通高等学校，重点放在加强理工科教育上面。1979年3月，党中央提出"要在中国实现四个现代化，必须在思想政治上坚持四项基本原则"；同年4月，共青团中央发出《关于纪念五四运动六十周年的通知》，也向广大青年提出坚持四项基本原则的要求。这些都为当时高校的思想政治教育工作指明了奋斗方向。尤其是1981年提出的社会主义精神文明建设，进一步提升了思想政治教育工作的地位。在这一阶段，思想政治教育全面恢复理论教学，开始探索社会实践，思想政治教育开始逐步成为一门学科。1979年8月，北京、华北地区高等学校政治理论课教学大纲讨论会在北京举行。1980年7月，教育部发布《改进和加强高等学校马列主义课的试行办法》。1982年10月，教育部又下发《关于在高等学校逐步开设共产主义思想品德课程的通知》。1985年8月，国家教育委员会发出《关于改革学校思想品德和政治理论课程教学的通知》。1987年10月，国家教育委员会发布《关于高等学校思想教育课程建设的意见》。1994年8月，中共中央印发了《爱国主义教育实施纲要》，颁布了《关于进一步加强和改进学校德育工作的若干意见》，指出要整体规划学校的德育体系，深入持久地进行爱国主义、集体主义和社会主义思想教育。1996年10月，中共中央十四届六中全会通过了《关于加强社会主义精神文明建设若干重要问题的决议》，指出"加强青少年思想道德教育，是关系国家命运的大事，各级各类学校都要全面贯彻党的教育方针，坚持社会主义办学方向。"2001年3月，江泽民在清华大学建校九十周年大会上发表重要讲话，向高等教育领域贯彻"三个代表"重要思想提出了实践要求，并对大学生提出了五点希望，讲话内容贯穿了"以德治国"的重要思想，是高校全面推进素质教育的核心内容。

2. 社会实践

1980年，清华大学学生首次提出了"振兴中华，从我做起，从现在做起"的口号，北京大学学生提出了"团结起来，振兴中华"的口号，各地高校纷纷响应，涌现了一批大学生自主开展社会调研和咨询服务的活动，社会实践开始走向思想政治教育工作的前台。1983年10月，团中央、全国学联发出通知，决定在"一二·九"学生运动四十八周年之际，组织全国高校大学生于1983年12月4日—11日开展"社会实践周"。1987年6月，国家教委、团中央联合发布了《关于广泛组织高等学校学生参加社会实践的意见》，标志着社会实践已成为思想政治教育的重要形式。此后1988年，国家教委对高等学校文科社会实践工作提出了指导意见，同年年底，首次表彰了先进实践集体。1990年5月，中宣部、国家教委、共青团中央就开展暑期社会实践提出了联合指导意见，指出"社会实践活动是我国高等教育的重要组成部分"，要求各地、各学校"抓紧抓好"。社会实践的内容也从单一的社会调查，逐步拓展形成了参观考察、劳动实践、服务咨询等形式多样的活动。

1994年12月，中国青年志愿者协会在北京成立，胡锦涛在贺信中指出，青年志愿者行动作为共青团"跨世纪青年文明工程"和"跨世纪青年人才工程"的重要组成部分，是动员和带领广大青年投身两个文明建设的可贵尝试和新的创造。1995年，中宣部、团中央、国家教委联合发出通知，要求连续开展"中国大中学生志愿者扫盲与科技文化服务活动"，此后五年，连续开展该项活动，形成了科学、规范的志愿服务机制。1997年6月，中宣部、国家教委、团中央、全国学联在北京召开座谈会，部署和推进全国大中学生志愿者暑期文化科技卫生"三下乡"活动，进一步拓展了社会实践的内容与形式。1999年6月，共青团中央、教育部发出《关于做好青年志愿者扶贫接力计划支教工作的通知》，决定从1999年开始，共同组织青年志愿者扶贫接力计划支教工作。通过进一步深化志愿服务系列活动，社会实践形式得到拓展，志愿者服务蓬勃发展，服务面和服务时间呈上升趋势。

（二）第二阶段（2004年至今）

2004年8月，中共中央、国务院下发《关于进一步加强和改进大学生思想政治教育的意见》（中发〔2004〕16号），开启了新时期思想政治教育工作的新局面。从2004年起，中共中央加大了对高校思想政治教育工作的指导和支持力度。以理想信念教育为核心，深入进行正确的价值观教育，弘扬民族精神、唱响爱国主义，深入开展道德教育和素质教育，成为新时期思想政治教育工作的主要思路。

其主要内容包括以下几个方面。

理想信念教育：坚定共产主义远大理想和中国特色社会主义共同理想，关注国家和民族的命运，正确认识个人发展与国家前途的内在关系。

主旋律教育：爱国主义教育、集体主义教育和社会主义教育。

传统教育：中华民族优良传统教育和中国革命传统教育，提升民族自豪感和革命使命感。

历史与国情教育：中国近代史教育、国情和形势任务教育，增强责任感和紧迫感。

道德与法治教育：以基本道德规范为主要内容，对青年学生进行社会公德、职业道德和家庭美德的道德教育；以法律法规宣传为核心，对青年学生进行法治和纪律教育。

党团基本教育：进行共产党、共青团等基本知识教育。

2005年2月，中宣部、教育部联合发出《关于进一步加强和改进高等学校思想政治理论课的意见》，提出思想政治教育的学科建设是加强和改进理论课教学的基础，提出设立"马克思主义"一级学科。同年，在中央16号文件的指导下，中宣部、中央文明办、教育部、共青团中央联合下发《关于进一步加强和改进大学生社会实践的意见》，指导大学生社会实践工作，拓展服务内容、服务形式。

2016年12月，全国思想政治教育大会在北京召开，习近平总书记深刻回答了高校培养什么样的人、如何培养人以及为谁培养人这个根本问题，强调要坚持把立德树人作为中心环节，把思想政治工作贯穿教育教学全过程，实现全程育人、全方位育人，努力开创我国高等教育事业发展新局面。习近平总书记的讲话具有很强的战略性、思想性和针对性，是指导做好新形势下高校思想政治工作的纲领性文件。2017年12月，教育部党组印发了《高校思想政治工作质量提升工程实施纲要》，规划了"十大育人"体系的实施内容、载体、路径和方法，把破解高校思想政治工作不平衡不充分问题作为目标指向，着力构建一体化育人体系，打通育人最后一公里。2020年4月，教育部等八部门印发《关于加快构建高校思想政治工作体系的意见》，要求以立德树人为根本，以理想信念教育为核心，以培育和践行社会主义核心价值观为主线，以建立完善全员、全程、全方位育人体制机制为关键，全面提升高校思想政治工作质量。

2013年8月，习近平总书记在全国宣传思想工作会议上强调，要巩固马克思主义在意识形态领域的指导地位，巩固全党全国人民团结奋斗的共同思想基础；同年12月，中共中央办公厅印发《关于培育和践行社会主义核心价值观的意见》，提出把培育和践行社会主义核心价值观融入国民教育全过程。2014年10月，中共教育部党组、共青团中央印发《关于在各级各类学校推动培育和践行社会主义核心价值观长效机制建设的意见》，推动社会主义核心价值观融入学校管理和教育教学各环节。2016年12月，习近平总书记在全国高校思想政治工作会议上强调，要坚持把立德树人作为中心环节，把思想政治工作贯穿教育教学全过程，实现全程育人、全方位育人。2017年2月，中共中央、国务院印发《关于加强和改进新形势下高校思想政治工作的意见》，意见指出以立德树人为根本，以理想信念教育为核心，以社会主义核心价值观为引领，切实抓好各方面基础性建设和基础性工作，切实加强和改善党的领导，全面提升思想政治工作水平。2017年12月，中共教育部党组出台《高校思想政治工作质量提升工程实施纲要》，要求充分发挥育人功能，切实构建"十大育人"体系。2019年8月，中共中央办公厅、国务院办公厅印发了《关于深化新时代学校思想政治理论课改革创新的若干意见》，强调要坚持党对思政课建设的全面领导，思政课建设只能加强，不能削弱，必须切实增强办好思政课的信心，全面提高思政课质量和水平。2020年4月，教育部、中组部、中宣部等八部门印发《关于加快构建高校思想政治工作体系的意见》（教思政〔2020〕1号），明确了要从理论武装体系、学科教学体系、日常教育体系、管理服务体系、安全稳定体系、队伍建设体系、评估督导体系、组织领导和实施保障等方面加快构建高校思想政治工作体系。2020年6月，教育部印发了《高等学校课程思政建设指导纲要》的通知（教高〔2020〕3号），强调要把思想政治教育贯穿人才培养体系，发挥好每门课程的育人作用，全面推进"课程思政"建设。

三、高校第二课堂在思想政治教育中的作用

习近平总书记在全国高校思想政治工作会议上强调指出，"要用好课堂教学这个主渠道，思想政治理论课要坚持在改进中加强，提升思想政治教育亲和力和针对性，满足学生成长发展需求和期待，其他各门课都要守好一段渠、种好责任田，使各类课程与思想政治理论课同向同行，形成协同效应"。为贯彻落实习近平总书记的要求，2017年12月，教育部党组印发了《高校思想政治工作质量提升工程实施纲要》，提出课程育人、科研育人、实践育人、文化育人、网络育人、心理育人、管理育人、服务育人、资助育人、组织育人等"十大育人"体系，强调大力推动以"课程思政"为目标的课堂教学改革，此后全国高校纷纷响应，全面启动课程思政建设。2020年4月，教育部等八部门印发《关于加快构建高校思想政治工作体系的意见》，强调要在办好思想政治理论课的基础上，强化哲学社会科学育人作用，全面推进所有学科课程思政建设，还要加强思想引领、厚植爱国情怀、强化价值引导、深化实践教育、繁荣校园文化、

促进心理健康等方面的建设。

第二课堂具有学习的主体性、形式的灵活性、实践的广泛性和发展的全面性等特质，具有贯通融合"思政课程"与"课程思政"的天然条件，是大学生思想政治教育的重要载体，是大思政格局下创新开展思想政治教育工作的有力抓手，更是提高高校思想政治教育工作实效性，培养理想信念坚定、具有家国情怀的社会主义事业建设者的有效手段。第二课堂主要包括思想政治素养、社会责任担当、实习实践能力、创新创业能力、文体素质拓展、青年成长履历、职业技能大赛七大板块，是"针对第一课堂而言具有素质教育内涵的学习实践活动，是学生在教学计划规定课程之外自愿参加、有组织进行的各类活动"。项目内容基本涵盖了"十大育人"体系和《关于加快构建高校思想政治工作体系的意见》要求的内容，是新形势下加强和改进大学生思想政治教育的新途径、新手段，是从学生角度出发，以学生为主，有利于充分发挥学生积极主动性的教育方式。

（一）第二课堂丰富了思想政治教育的内容

第二课堂实现了因地制宜、因时制宜、因材施教，创新了思想政治教育的内容，有效地实现了对大学生思想的引领。通过讲座、团课、团日活动，将第二课堂与世情、国情、党情、社情联系起来，可以帮助青年学生进一步加深对新时代中国特色社会主义思想的理解，坚定"四个自信"，提高政治站位；通过志愿服务、社会实践，将第二课堂与专业能力、实践能力结合起来，可以帮助大学生接触社会、融入社会、服务社会，切身感受党的政策方针带给社会的巨大变化，激发正确的价值追求；通过青年马克思主义者培养工程、主题报告会、经验交流会、优秀实践项目评选等活动，将第二课堂与大学生的成长需求结合起来，可以拓宽大学生践行社会主义核心价值观的路径，加深实践育人的效果。

（二）第二课堂提升了思想政治工作的实效

课堂教学内容虽然全面，但其更多的是停留在理论层面，是一种知识的输入状态。另外，思政课讲授的主要是思想道德修养与法律基础、中国现代史纲要、马克思主义基本原理等课程，对于不同学科专业背景的大学生来说接受度不同。而第二课堂主要以实践活动为主，是一种知识的输出状态，大学生可以把从第一课堂习得的理论知识运用于实践，在实践中检验理论的正确性，深化对理论的感知和认同。在实践中，大学生可以清晰地认识到人类社会发展规律、社会主义建设规律、中国共产党执政规律，进而树牢"四个意识"，坚定"四个自信"，做到"两个维护"，潜移默化地强化了思想引领的实效性。

（三）第二课堂厚植了大学生的家国情怀

第二课堂活动紧随时代主题，是以习近平新时代中国特色社会主义思想为指导，以重大节日和时事热点为契机，以弘扬以爱国主义为核心的民族精神为导向开展的各类主题活动。第二课堂活动以其内容的多元化和形式的多样性增加了大学生的可选择性。大学生可以在实践和学习中感受中华民族几千年传承下来的优秀文化，在活动中感受建国70多年来中国特色社会主义发展取得的新成就，也可以在中外对比中感受改革开放40多年来中国人民强大的生产力和创造力，还可以在服务国家、服务社会的实践中践行社会主义核心价值观，用实际行动诠释思想政治教育中的家国情怀，进而激励自己把爱国情怀、强国志向、报国行动融入坚持和发展中国特色社会主义事业、建设社会主义现代化强国、实现中华民族伟大复兴的奋斗之中。

第二节 思想政治教育类第二课堂建设路径

第二课堂思想政治教育作为一种教育形态，主要表现为高校第二课堂坚持立德树人根本任务，遵循教育内外部关系规律，借用第一课堂教育机理，在项目化、课程化、学分化基础上，与第一课堂共同构建德智体美劳育人体系和"三全育人"格局，以提高思想政治教育内容有效供给、提升思想政治教育资源应用、发掘思想政治教育内涵、变革思想政治教育方法、实现第二课堂与思想政治教育的融合，促使第二课堂思想政治教育价值和教育力不断显现。那么，从实际出发，结合高职院校思想政治教育工作实际发挥第二课堂的思想引领功能，将第二课堂和第一课堂相结合，主动嵌入、做好设计，提升高职院校思想政治教育的实效性，已成为我们迫切需要解决的问题。

一、主题教育模式：第二课堂+主题团日、团课、专题讲座，提升思想引领力

以习近平新时代中国特色社会主义思想为指导，以重大节日和时事热点为契机，以弘扬以爱国主义为核心的民族精神为导向，统筹做好内容设计，以团支部为单位开展主题鲜明的主题团日活动、团课、专题讲座，推动主题团日活动、团课与思想政治理论课相结合，引导大学生树立正确的价值观念，推动习近平新时代中国特色社会主义思想"进支部""进社团""进宿舍"。

（一）实施"信仰公开课"计划

坚持不懈地以马克思主义中国化的最新成果武装广大青年，

将团课与思想政治理论课结合起来，实施"信仰公开课"计划，该计划包含思想公开课、素养公开课、理想公开课、青年马克思主义公开课四类课程。

1. 思想公开课

把学习宣传贯彻习近平新时代中国特色社会主义思想作为重要政治任务，提高大学生的思想政治素质，坚定其理想信念；以基层团支部为单位，以团课为平台，以团支部书记、团支部委员、优秀团员、大学生骨干为主讲人，结合"青年大学习"行动，将党团章、习近平新时代中国特色社会主义思想、党史、新中国史、改革开放史、社会主义发展史作为思想公开课的必修内容，各团支部每周开展一次集中学习思想公开课，各二级学院每月开展一次展示课，学校每学年开展一次示范课，确保思想公开课全覆盖。

2. 素养公开课

帮助大学生培育和践行社会主义核心价值观，立足中华民族优秀传统文化，促进大学生综合素养提升；助燃信仰，引导大学生坚持用社会主义核心价值观凝心聚力。以专职团干部为主讲人，在校院两级分层次开展"素养公开课"。学团章以及共青团基层建设制度要注重大学生的参与度和活动的广泛性。

3. 理想公开课

引导大学生牢固树立"四个自信"，敢于有梦、勇于追梦、勤于圆梦，为实现中国梦而拼搏奋进；播撒信仰，引导大学生牢固树立为实现中华民族伟大复兴的中国梦而奋斗的信念。以大学生身边的团干部、青年教师、杰出校友、优秀团员青年榜样为主讲人，讲述"我的青春故事"，以其生动实践响亮发出"青年好声音"，发挥朋辈引航作用。广泛邀请在大学生中有较大影响力、体现主流价值的专家学者、党政领导、正能量偶像深入大学校园,结合党的十九大、团十八大要求,紧扣重要时间节点,对社会热点问题进行深度剖析,以大学生喜闻乐见的方式,开展别开生面、富有意义的"梦想公开课",扩大活动效果和影响范围。

4. 青年马克思主义公开课

培养一批政治坚定、作风扎实、德才兼备、全面发展,能起到示范带动作用的骨干和领军人才,充分发挥青年马克思主义骨干的辐射带动作用,建设立场坚定的青年马克思主义者队伍,引领更多青年坚定不移听党话、跟党走。以思政专家为主讲人,上好"青年马克思主义公开课"。建立分级培养模式,充分发挥院系积极性和资源优势,开展院系层面的"青年马克思主义公开课";每年从各院系挑选优秀大学生骨干,由校团委集中培养,并建立网上课程资源库,开展优质"青年马克思主义公开课"线上学习行动,扩大传播效应。同时成立青年马克思主义理论学习社团,将培育共产主义信仰与学习马克思主义经典理论结合起来,由思政专家作为指导教师,指导大学生研读马克思主义经典著作,关注大学生的阅读体验,带动身边更多大学生提高思想政治素质,引导优秀大学生积极向党组织靠拢。

二、社会实践模式:第二课堂+社会调研,提升社会贡献度

将第二课堂与专业能力、实践能力结合起来,可以帮助大学生接触社会、融入社会、服务社会,切身感受党的政策方针带给社会的巨大变化,从而激发其正确的价值追求。

(一)统筹实践教学环节

开设"大学生社会实践"课程,该课程按照各学校相应的

学时标准安排教学计划，在高校人才培养方案中统筹分配。同时，将各门思想政治理论课的实践环节和"大学生社会实践"课程相结合，促进思想政治教育向课前和课后延伸，形成从入学教育、课内外实践、社会实践到毕业教育的全过程实践教育体系。

（二）组建"实践导师团"

成立由思政课教师、党政干部、学工队伍共同组成的百人"实践导师团"，主要负责提供社会实践选题指导、理论培训并根据实际带队开展实践。结合国家重大战略和重大主题，设计社会实践的内容和形式，每个支部组建团支部实践团队，每个团总支组建系级重点实践团队，学院团委组建学院重点实践团队，到祖国各地开展实践，打造"行走的课堂"，为全面建成小康社会贡献力量。

（三）实现实践成果反哺课堂

实践活动结束后，要求大学生提交多样化的社会实践成果，特别是鼓励大学生将实践成果以音视频等形式带回课堂，与"实践导师团"进一步探讨，将鲜活的理论成果与现实情况融入"实践归来话分享"交流活动，通过展板、PPT、宣讲等方式展示实践成果，让实践活动变得立体而丰富。投票选出优秀实践成果，评价结果纳入"大学生社会实践"课程考核成绩。

三、特色教育模式：第二课堂+中华民族传统文化，切实增强思想政治教育实效性

（一）加强爱国主义教育

聚焦思想引领，立足各族大学生综合素质全面发展和提升，

利用青年马克思主义者培养工程培训班、团学干部培训班、理想公开课等多种形式，深入学习习近平新时代中国特色社会主义思想，广泛开展爱国主义教育、中华民族共同体意识教育、中国特色社会主义和中国梦教育，讲清、讲透习近平总书记关于中华民族共同体的重要论述，引导高职院校大学生树立正确的国家观、民族观、历史观、宗教观、文化观。

（二）聚焦精准思政

一是解决高职院校大学生经济困难，把资助和育人有机融合起来，把扶贫助困和激励上进结合起来，开展"诚信、感恩、自强"主题教育活动，评选自强之星，组建大学生资助政策宣讲团，将"扶困"与"扶智""扶志"紧密结合起来，培养大学生自强奋斗的品格。二是解决学生就业困难，将职业规划教育、创新创业教育融入第二课堂，搭建平台、提供场地，开设高职院校大学生创业训练营和就业能力提升培训班，举办创新创业活动周、生涯体验周等活动，提升高职院校大学生就业竞争力。

（三）坚持文化育人

大力加强弘扬中华民族共同体意识教育，以校园文化活动为载体推进校园精神文明建设，实施"一院一品"特色文化计划，开展中华经典诵读活动、民族服饰展示活动、民族民间广场舞大赛活动、追寻红色记忆社会实践活动等，弘扬中华优秀传统文化、传播革命文化和社会主义先进文化，坚定大学生理想信念。

第三节　呼伦贝尔职业技术学院
青年马克思主义者培养工程典型案例

呼伦贝尔职业技术学院青年马克思主义者

培养工程第二期大学生骨干培训班

学员手册

共青团呼伦贝尔职业技术学院委员会

2018 年5月

一、呼伦贝尔职业技术学院青年马克思主义者培养工程开班议程

（一）会议时间

2018年5月4日（星期五）上午9点。

（二）会议地点

九楼报告厅。

（三）主持人

团委书记。

（四）主要议程

（1）介绍参会领导；
（2）奏唱国歌；
（3）党委副书记宣读青年马克思主义培养工程大学生骨干培训班培养方案；
（4）班主任宣读学员须知和纪律管理规定；
（5）学员代表发言；
（6）为首期青马班优秀学员颁发结业证书；
（7）党委书记为青马班授旗；
（8）党委书记讲话；
（9）思政专家开班讲座。

二、呼伦贝尔职业技术学院青年马克思主义者培养工程大学生骨干培训班简介

为培养一大批用马克思主义中国化最新成果武装起来的青

年马克思主义者，呼伦贝尔职业技术学院团委积极响应团中央及全国学联在 2007 年启动实施的"青年马克思主义者培养工程"，于 2017 年成功举办了首期青年马克思主义者培养工程大学生骨干培训班（以下简称"青马班"）。

青马班的主要培养对象是呼伦贝尔职业技术学院的各级各类学生干部、学生社团干部、学生党员、入党积极分子和团学代会代表以及在思想政治引领工作中表现突出的大学生及其他方面表现突出的大学生，通过理论学习、实践锻炼、素质拓展、社会观察、红色教育、能力训练等方式，帮助大学生骨干学习和掌握马克思主义中国化的最新成果，提高运用马克思主义观点和方法分析解决问题的能力，培育和践行社会主义核心价值观，进一步坚定走中国特色社会主义道路实现中国梦的理想信念，从而着力培养一批对党忠诚、信仰坚定、素质突出、作风过硬的青年马克思主义者。

三、呼伦贝尔职业技术学院青年马克思主义者培养工程大学生骨干培训班学员须知

（1）培训期间严格遵守《呼伦贝尔职业技术学院青年马克思主义者培养工程大学生骨干培训班学员纪律管理规定》。

（2）学员根据日程安排准时参加各项集体活动。

（3）学员着正装并佩戴团徽参加各项课程和活动，参加素质拓展活动时着运动装，以饱满的精神状态积极参加各项活动。

（4）学员在参加各类活动时，要珍惜爱护场内设施，注意场内卫生，时刻保持学生骨干良好形象。

（5）参加培训的学员要自觉弘扬马克思主义学风，努力营造认真学习的风气，民主讨论的风气，积极探索的风气，求真务实的风气，做到理论联系实际，学以致用。

（6）参加理论培训时要做好听课笔记。参加各类活动情况

将作为考核成绩的重要依据，顺利结业者颁发结业证书，不合格未结业者转入下期培训。

（7）在实践学习活动中要注意人身安全和交通安全，如遇到特殊情况要及时和培训班班主任联系。

四、呼伦贝尔职业技术学院青年马克思主义者培养工程大学生骨干培训班学员纪律管理规定

（一）总　则

第一条　本规定旨在严肃呼伦贝尔职业技术学院青年马克思主义者培养工程大学生骨干培训班的班风班纪，维护集中学习期间教学秩序，督促学员保持积极向上的精神面貌和社会形象。

第二条　培训班对学员的处理为延期结业或开除两类。学员在考核期间内不配合或不参加培训班安排的各项活动，根据情况给予延期毕业或开除处理。学员违纪累计达3次及以上者，给予开除处理。

第三条　一律减少受处分的学员所在系下一年参加培训的名额。

第四条　每次集中学习之后，培训班班主任将在班内部通报被处分学员名单，情节特别严重者，直接通报其所在系有关领导。

（二）考勤纪律

第五条　培训过程中所有培训课程都将纳入考勤范围，全体参训学员要按时签到，超过签到时间而未签到，且未履行请假手续者按迟到或旷课处理。

第六条　上室内课，需提前30分钟进入会场，开课前20分

钟，各组组长进行点名，对无故旷课的学员，每次予以违纪1次处理。素质拓展活动提前30钟集合，组长整队点名带到指定地点。

第七条　培训期间对无故迟到（15分钟以上）、早退（15分钟以上）、不遵守课堂纪律等情况达3次的予以违纪1次处理。违纪次数累计达3次或3次以上者直接取消培训资格，不予颁发结业证书。

第八条　所有签到（或点名）必须由学员亲自完成，严禁任何代签（代为点到）等扰乱考勤制度的行为，代签现象一经发现将计代签双方旷课一次并全班通报批评。

第九条　在小组学习、自由讨论等环节，学员应提前做好准备工作，积极参与，对无故缺席的学员每次予以违纪1次处理。

（三）请假纪律

第十条　学员在培训期间请假必须履行请假手续，如因特殊情况无法参加的，需本人书面说明请假原因，由培训班班主任批准，未经批准或擅自缺席的予以开除处理。

第十一条　除不可抗因素外，培训期间学员因事请假次数累积超过3次者予以开除处理，学员因病请假需附上医院开具的诊断书和请假条。

第十二条　请假条需在课程开始前交给培训班班主任（临时请假除外），以便班主任及时做好考勤工作，没有按时收到请假条的请假视为无效请假。

第十三条　需要临时请假者应提前向培训班班主任口头请假，待班主任同意后方可请假，并在下一课程开始之前补好假条（假条需学员所在系团总支盖章）。

（四）课堂纪律

第十四条　所有参训学员自觉遵守培训作息时间，按时到课。

第十五条　培训期间全体学员自觉将手机调至关机或静音状态，培训期间禁止使用手机。

第十六条　所有参训学员认真做好学习笔记，禁止随意喧哗、闲谈、打瞌睡等扰乱课堂纪律的行为。

（五）申诉及其他

第十七条　院团委对学员的违纪情况予以公示。公示期间，学员有权提出申诉。

第十八条　本规定最终解释权和裁定权归共青团呼伦贝尔职业技术学院委员会。

五、呼伦贝尔职业技术学院青年马克思主义者培养工程大学生骨干培训班培养方案

（一）培养目标

坚持以马克思列宁主义、毛泽东思想、邓小平理论、"三个代表"重要思想、科学发展观和习近平新时代中国特色社会主义思想为引领，引导大学生认识马克思、学习马克思主义理论、信仰马克思主义，教育大学生运用马克思主义的立场、观点、方法观察世界、分析国情，使大学生深刻感悟马克思主义的力量所在，用马克思主义中国化的最新成果武装头脑，坚定"四个自信"，增强"四个意识"，为大学生成长成才打下科学的思想基础，培养一批信念坚定、理想崇高、素质全面的中国特色社会主义建设者和接班人。

（二）培养原则

1. 坚持重点与一般相结合

突出抓好品学兼优的院系班三级大学生骨干，促使他们中的优秀分子成长为青年马克思主义者，为广大青年团员树立榜样、树立导向，辐射带动其他青年团员。

2. 坚持理论与实践相结合

发挥学院共青团组织思想育人、实践育人、创新育人、文化育人的优势，通过组织理论学习、社会实践、文化体育等活动，帮助大学生骨干提高思想政治素质，坚定理想信念，学习和掌握党的理论创新成果，了解国情，认识社会。

3. 坚持组织培养与自主教育相结合

充分发挥院团委的指导作用，科学规划，分级负责，分层实施，分类施教。充分调动大学生骨干的积极性和主动性，加强自我教育。

4. 坚持阶段培训与长期培养相结合

既要针对各类大学生骨干的不同特点进行阶段性培训，又要坚持贯穿始终，进行长期培养，突出青年马克思主义者培养工程大学生骨干培养的持续性。

5. 坚持教育引导与满足需求相结合

要坚持把引导大学生骨干"坚持跟党走"作为首要任务，既要以习近平新时代中国特色社会主义思想武装、教育学生骨干，又要深入了解当代大学生的需求，根据大学生骨干的成长需要，有针对性地开展扎实有效的职业规划与培训工作。

（三）培养内容

1. 理论培训

邀请学院党委书记、专家学者、教授为大学生讲授形势与政策，其内容涵盖习近平新时代中国特色社会主义思想、党的十九大报告精神、党的政策方针、社会主义核心价值观体系，引导大学生树立正确的人生观、世界观、价值观，正确认识世界和中国发展大势，正确认识时代责任和历史使命，正确认识远大抱负和脚踏实地，用中国梦激扬青春梦。

2. 素质拓展

举办沙盘演练、"三走"、演讲、晨跑、共读一本书等素质拓展活动，提高大学生骨干的综合素质。

3. 实践锻炼

组织大学生骨干深入农村、社区、企业等基层一线开展生产劳动、社会调查、参观考察、志愿服务等活动，增加大学生骨干对国情和社会的了解，增进与人民群众的感情，提高社会适应能力。

（四）成绩考核

每个学员须完成各教育模块课程，参加结业考试合格后方可结业，对不及时参加培训、不能完成各教育模块任务的学员进行中期淘汰或不予结业。

（五）跟踪培养

1. 建立"青年马克思主义者培养工程"学员档案库

参加骨干培训的优秀学员将作为重点推优入党对象，联合就业指导中心优先推荐就业，学员的培训课程将记入大学生第二课堂成绩单。

2. 加强后续培养力度

每期培训班结束后，对结业学员的表现进行跟踪考察，对优秀的结业学员进行后续跟踪培养。

第六章
高职院校第二课堂实践育人研究

实践育人能够凸显职业教育的实践属性，对提高职业技能、提升人才培养质量有着不可替代的特殊作用，在大力推进实践育人共同体建设的形势下，高职院校要因事而化，把实践育人作为提高人才培养质量的切入点和突破口；因时而进，用实践育人助推大学生全面成长成才；因势而新，紧扣办学定位和人才培养目标，探索新时代实践育人新模式，切实提升高职院校实践育人实效。

第一节　第二课堂与实践育人

高校实践育人是党的教育方针的重要内容，是思想政治教育的重要载体，是青年成长成才的必由之路。党和国家历来高度重视实践育人工作，2017年，中共中央、国务院下发《关于加强和改进新形势下高校思想政治工作的意见》，指出要强化社会实践育人，提高实践教学比重，组织师生参加社会实践活动，完善科教融合、校企联合等系统育人模式。培养服务地方产业发展的高素质技术技能人才是高职院校的根本使命，增强高职院校办学活力、提升大学生服务产业发展能力、服务区域产业转型升级是高职院校的主要任务。

一、加强高职院校实践育人的意义

(一) 实践育人是彰显马克思主义时代内涵的重要路径

实践属于哲学名词，马克思主义认为："社会生活的本质是实践的""实践是实现人的全面发展的根本途径"，实践是人们能动地改造和探索现实世界一切客观物质的社会性活动，实践不仅是认识的来源，也是检验真理的唯一标准，所以实践不仅具有哲学属性，还具有社会属性。同时，马克思主义方法论要求遵循事物的客观发展规律，一切从实际出发。实践育人是认识和实践相互作用的一个过程，它将理论和实践相结合、将教育和育人相结合，它既符合马克思主义的唯物论，又符合马克思主义的方法论。高校通过实践育人将实践主体和客观事物联系起来，以大学生为育人主体，通过实践完成从实践到理论再到实践的教育过程，实现提升大学生的知识、观念、能力和检验大学生的理论水平、技能水平的目标，彰显了马克思主义的时代内涵，是对马克思主义实践观的深化。

(二) 实践育人是落实立德树人根本任务的必然要求

2017年，中共中央、国务院印发的《关于加强和改进新形势下高校思想政治工作的意见》明确提出了"把思想价值引领贯穿教育教学全过程和各环节，形成教书育人、科研育人、实践育人、管理育人、服务育人、文化育人、组织育人长效机制"的要求。习近平总书记也多次通过座谈、回信等形式强调实践在大学生成长成才中的重要作用，强调"既要向书本学习，也要向实践学习""实践是提高本领的途径"。可见，实践育人是贯彻党的教育方针、贯彻落实习近平总书记重要讲话精神、落实立德树人根本任务的必然要求。因此，高职院校要紧扣人才培养目标、遵循大学生成长成才规律，从高职院校办学实际出发，探索实践育人新模式，提升高职院校实践育人的实效。

（三）实践育人是提升人才培养质量的重要保障

教育应注重学生的全面发展，职业教育更要求学生懂专业、强实践。实践教学、社会实践、志愿公益、科技创新是实践育人的主要形式，是高校课堂教育教学的延伸，是培养大学生成长成才的重要载体。随着《国家职业教育改革实施方案》的印发，高职院校必须重视和加强实践，一方面，这是高职院校深化职业教学改革的时代需要，社会实践将第一课堂延展到工厂企业、社区街道、田间地头，帮助大学生走进社会、接触社会、服务社会，引导大学生在实践中提高应对困难、承受挫折、分析问题、解决问题的能力，实现大学生的全面发展；另一方面，这是提升人才培养质量的必然选择，以工学结合、校企合作为主的专业实践，可以帮助大学生把课堂学到的理论成果转化为生动的生产实践，促进人才培养向应用型、技能型方向发展。所以，高职院校要整合资源、搭建平台，引领大学生在实践中受教育、长才干，助推大学生全面成长成才。

二、高职院校实践育人面临的现实困境

（一）育人导向不明确

高校实践育人方案主要依据育人机制创新、人才发展需要、思想政治教育使命三个要素制定，但是不同于本科院校，高职院校的发展与地方经济发展密切相关，需要紧紧围绕地方行业特点及经济建设转型升级，为地方建设培养高素质技术技能人

才。高职院校在实践育人顶层设计时多参考本科院校实践育人培养方案而忽略自身特性，未能紧密围绕服务地方产业发展的办学目标，未能找准实践育人方向，具体表现在以下几个方面：第一，缺乏统筹规划，未能根据职业教育的办学特点创新实践育人机制，实践育人依旧以传统的实习实践为主，社会实践、志愿服务、创新创业的作用未能凸显；第二，缺乏精准对接，实践育人未能充分融合职业素养和工匠精神两个关键元素，思想政治教育的针对性和实效性有待提升；第三，缺乏有效供给，未能依据大学生的实际需要、兴趣、个性、潜能设置实践育人活动以满足大学生成长成才需求，实践活动与实践主体的契合度低，大学生参与实践活动积极性不高。

（二）平台搭建不完善

高职院校人才培养需要校政企三方协同育人，而实践活动是校政企协同育人的基础。从合作分工来看，政府是协同育人的政策制定者和倡导者，高校承担着为企业培养输送人才的责任，企业则提供开展实践教育的最佳平台；从合作模式来看，主要包括"企＋校""政＋校""政＋企＋校"三种模式，但是从目前高职院校校政企合作的实际情况来看，校政企合作大多数情况下是分开合作，即使三方合作，也只停留在表面，平台搭建依旧不完善。究其原因：一是政府职能发挥不充分，缺乏刚性的监管机制和保障机制，主导作用不强；二是高职院校社会服务能力不强，没有根据市场需求、国家地区政策、企业发展及时调整人才培养方案，搭建好校政企多级联系、协同育人的平台，对行业企业合作育人的吸引力较弱；三是企业参与育人的积极性不高，缺乏合作动力，企业没能在职业教育发展与经济效益追求之间找到平衡点，没能在合作中平衡权益追求与主体地位，导致在产教融合中处于被动消极的地位，影响了校政企间的深度产教合作。

（三）课程建设不标准

实践育人既是独立的育人载体和育人模式，又与课程、科研、管理、服务等育人体系相互融合，可以形成长效机制，助推大学生全面发展。但是，相比于其他育人体系，高职院校实践育人体系缺少课程和制度支撑，目前大学生参与实践活动处于无序状态，虽然大部分高校均已开展实习实践、志愿服务、创新创业等实践活动，但是仅实习实践实现了课程化，其他实践活动未被纳入实践课程体系。就实践课程建设而言，由于缺少组织保障和制度保障，高职院校实践育人课程无法实现规范化建设；教学管理不规范导致实践育人无法完成教学任务；教师参与机制不健全导致实践育人缺乏专业教师指导；实践教学课时不足导致大学生对实践育人活动参与积极性不高。就实践教学内容而言，高职院校对实践育人资源挖掘不全面，由于缺少统一供给和统筹协调，实践育人与学科建设、校园文化建设对接不通畅，与职业素养、工匠精神等融合不深入，职业素养无法融入实践育人，校内外实践基地无法实现最大程度的开发和利用。

第二节　实践育人第二课堂建设路径

实践育人是党的教育方针的重要内容，是人才培养的重要环节。在新形势下，明确实践育人在高职院校人才培养中的重要作用，研究高职院校的育人导向，探讨实践育人模式的构建方法，对落实党的教育方针、发挥实践育人的特殊作用具有十分重要的意义。高职院校围绕办学方向和大学生成长需求，提出了"双导向三聚焦四平台"(图1)实践育人模式。以服务地方产业发展和服务大学生成长成才为双导向，聚焦党的领导、思想引领、产教融合，搭建"四+"平台，即"奉献+公益"志愿服务实践平台、"服务+学习"社会实践平台、"体验+成长"创新创业平台和"兴趣+技能"实习实践平台，推进实践育人课程化、协同化建设，提升实践育人实效。

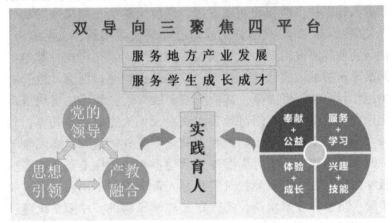

图1 双导向三聚焦四平台

一、树立"双导向"实践育人理念

在新形势下积极推动实践育人就是要把握教育发展规律和人才成长规律，深化马克思主义实践观，确立适合高职院校发展的实践育人理念。从马克思主义实践观来看，影响高职院校实践育人的因素主要包括实践育人主体、客体和内容等因素，大学生作为实践活动的参与者，是实践育人的主体，实践育人的客体是客观世界，实践育人的内容、方法、载体等主要是教育资源，而实践的目的是育人，所以实践育人理念的确立就是要在实践主体与客体间找到架接桥梁，既要求和大学生的成长需求相契合，又需要和学校的人才培养方向相吻合。

高职院校的人才培养目标是培养服务区域产业发展的职业技能人才，这一人才培养定位就决定了高职院校实践育人理念必须围绕地区产业发展和人才培养质量提升的目标，这既突出了高职院校人才培养的针对性，又突出了实践育人的实效性。高职院校既要围绕服务产业发展和地区发展的办学定位，又要创新德技并修、工学结合的实践育人模式，把国家人才培养目标与大学生成长内在要求结合起来、把大学生专业知识能力素养与社会实际要求结合起来，以"服务地方产业发展"和"服务大学生成长成才"为实践育人的导向，分层分类搭建实践育人平台，整合资源、对接需求，构建"双导向三聚焦四平台"的实践育人模式。

二、完善"三个聚焦"育人保障机制

（一）聚焦党的领导，推进实践育人课程化

实践育人是一项复杂、艰巨的工程，需要高校将各个单位、部门有效衔接，实现密切配合，形成联动，所以实践育人离不开党委的统一领导和协调。在组织保障方面，高职院校要坚持教育与实践相结合，成立党委书记"一把手"负责的实践育人工作领导小组，建立"学校—部门—学院—班级"四级管理模式，建立党政齐抓共管、相关部门协调配合的管理体系，探索高校为主体、政府调控、企业参与的协同育人机制，在全校形成高度重视和积极推进实践育人工作的共识。在制度保障方面，一是推进实践育人课程化建设，把实践育人作为课程纳入学校教育计划，出台实践育人人才培养方案，规定学时、明确学分、安排授课教师，探索实践课程的标准化管理和精细化服务细则，

完成从实践活动到实践教学的转型；二是完善激励机制，把教师指导实践育人工作纳入绩效考核、职称评定，把大学生参加实践活动纳入评奖评优，调动师生参与实践育人的积极性和主动性。在经费保障方面，设置实践育人专项经费，完善实践育人经费审批制度，为实践育人活动的顺利开展提供保障。

（二）聚焦思想引领，融合思政教育和实践育人

社会实践为大学生提供接触社会的平台，引导大学生坚定理想信念和增强服务国家、人民的意识。高职院校要坚持思想引领和实践育人相结合，将实践育人与世情、国情、党情、社情结合起来，与职业素养和工匠精神结合起来，充分利用当地的教育资源和文化资源，与爱国主义教育基地、革命纪念馆合作开展爱国主义教育，培养大学生的爱国情怀；与博物馆、文化馆等场所合作开展传承弘扬中华民族传统文化主题教育，以教育自信支撑文化自信；还可以联合地方政府、工矿企业、驻地部队深入农村牧区，开展理论普及宣讲、文化艺术服务、国情社情观察、美丽中国实践、科技支农帮扶等活动，践行和培育社会主义核心价值观。

（三）聚焦产教融合，打造协同育人共同体

实习实践是实践育人的重要组成部分。高职院校要坚持产业发展和实践育人相结合，紧跟区域产业经济发展方向，主动服务国家发展战略，建立校政企多级联系、协同育人，提升生产建设管理服务第一线人才的实践能力和综合素质。首先，用校政合作引领校企合作，让政府发挥主导作用，聚合资源，用法律和政策杠杆鼓励校企合作，拓宽校企合作领域与空间；其次，高职院校要根据地区发展的实际，坚持产教结合，将企业应用型课程嵌入实践育人方案；最后，企业需在车间、工厂内

设置实习实训基地,将实习实训与大学生专业相结合、将生产内容与大学生毕业论文相结合,将实习单位与大学生就业相结合,和大学生进行实习双向选择,按用人需求培养大学生以有效节约人力资源成本,使企业和学校合作进行技术研发、成果转换以促进校企长效合作。

三、搭建"四+"实践育人平台

(一)搭建"奉献+公益"志愿服务实践平台

志愿服务是实践育人的重要载体,大学生在志愿服务中能够适应社会发展需求、提升服务意识。为鼓励大学生积极参加志愿服务活动,在实践中传递志愿服务精神,高职院校要搭建"奉献+公益"志愿服务实践平台。一是出台志愿服务的规章制度和考核标准,加大对志愿者的管理和培训力度,推行志愿服务积分制度,将志愿服务表现与大学生奖优评定、推优入党和推优入团相结合,充分调动大学生的积极性和主动性。二是构建校、院、班三级志愿服务层级体系,实施志愿者服务项目化管理,带领大学生走进养老院、孤儿院、特殊教育中心,开展扶老爱幼、文明校园创建等活动,实现小型志愿服务班级化;进社区、进企业、进环境保护基地,开展社区建设、环境保护、文明城市创建等活动,实现中型社区志愿服务院系化;对接西部计划、阳光助残、保护母亲河、关爱留守儿童等国家重点项目,对接国家、自治区大型文化体育赛事,实现大型国家志愿服务校级化,进而推动志愿服务的制度化、专业化和长效化,激励大学生在志愿服务中增强社会责任意识。

（二）搭建"服务+学习"社会实践平台

社会实践是实践育人的重要渠道。大学生在服务国家战略、助力地区发展的实践中，不断深入社会，用实际行动培育和践行社会主义核心价值观。为改变思想政治理论课重理论、轻实践的问题，高职院校要深挖社会实践的时代内涵，坚持社会实践与服务国家战略和地方发展相结合、与弘扬红色文化和传承红色基因相结合、与学校能力提升计划和践行工匠精神相结合的目标，围绕一带一路、乡村振兴、脱贫攻坚、生态文明建设等时代主题，多领域多维度开展专题社会实践活动，如开展探访巴尔虎民歌、采集蒙医药药材、制作民族工艺品、举办乌兰牧骑演出等文化类活动，帮助大学生传承中华民族传统文化，在草原深处探寻文化瑰宝；开展扶贫调研、乡村支教、科技帮扶、智慧农业、电商直播等扶贫扶智类活动，引领大学生助力脱贫攻坚，在乡村振兴中发挥积极作用；组织大学生参观民族英雄纪念馆、革命旧址、解放纪念馆等，鼓励大学生传承红色革命精神，弘扬爱国精神；通过举办医疗知识宣讲、举行爱心义诊、提供医疗志愿服务等医疗卫生类活动，帮助大学生学以致用，助力健康中国建设；调研生态环境、保护母亲河、参与环保行动，保护绿水青山，指引大学生践行社会主义核心价值观，助力生态文明建设，在一次次实践中不断激发大学生正确的价值追求。同时，高职院校要注重社会实践活动典型选树，通过社会实践活动立项申报、社会实践团队评优答辩、社会实践成果汇报交流等形式，社会实践项目从短期向长期、从体验向研究发展，提高社会认知能力。

（三）搭建"体验+成长"创新创业平台

大学生可持续发展和创新型国家的建设需要创新精神，而创新精神的培养需要创新创业平台的搭建。社团是学生发挥兴趣和展示特长的重要平台，高职院校可以将社团打造成大学生创新创业实践的主要阵地，以"社团服务专业技能"为建设目标，以"活动+竞赛"为模式，搭建"平台+成长"创新创业平台。首先，出台专业社团建设管理办法，注重社团动态管理、健全注册考核机制，在制度上给予保障，规范社团健康发展；其次，结合工匠精神、创业精神定期举办科技竞赛、科学知识、专业技术知识、创新创业知识等相关讲座，在内容上给予充实，普及创新创业知识，营造浓厚的创新氛围；再次，建立校内外导师库，成立校内"智创空间""大师工作室"，每个社团配备专业指导教师，保证每个专业社团对接一项专业技能竞赛项目或创新创业竞赛，保证大学生的兴趣特长得以展示，促进教师研究成果得以转换，进而实现专业教师指导专业社团、特色社团培养特长大学生，助力大学生全面成长；最后，举办"挑战杯""创青春""互联网+"等各级各类创新科技竞赛，发挥其孵化功能，让大学生在竞赛中探索发现问题，增强创新能力。

（四）搭建"兴趣+技能"实习实践平台

实习实践教学在高职院校人才培养中至关重要，它具有教学和实践双重身份，既是教学工作的关键环节，也是实践育人的核心内容。随着《国家职业教育改革实施方案》的深入推进，实习实践教学也要对接实践育人，不断整合校内外资源充实实践教学内容，优化结构和比重，完善实践教学体系。所以，高职院校可以以"激发学生兴趣爱好"为目标，紧贴行业人才培养要求和地方发展人才需要，汇集校内外要素资源，搭建"兴趣+技能"实习实践平台。第一，共建校企实训基地，积极推行"订单式""学徒制""工学交替"等人才培养模式，使现场教学和岗位生产性实训相结合，强化现场教学环节，帮助大学生了解生产管理流程，树立正确就业择业观念；第二，开展双师教学，与企业紧密合作共建指导团队，激励本校专业教师参与实习实训，引进校外师资指导实习实训，将实习实训与大学生专业、生产内容与大学生毕业论文、实习单位与大学生就业融合起来，调整课程设计，重构教学内容，健全实习实践教学体系；第三，拓展创新创业项目，承办国家级、省级技能大赛，促进实习与创新互动、竞赛和创业互促，以赛促练提升专业技能；第四，对接职业技能资格考试，提升大学生职业技能，增强大学生的职业认同感，多措并举增强大学生就业竞争力，弘扬工匠精神，服务地方经济发展。

第三节　呼伦贝尔职业技术学院大学生暑期"三下乡"社会实践典型案例

一、上好"国情"思政大课，打造社会实践"金课"——呼伦贝尔职业技术学院团委深入开展暑期"三下乡"社会实践活动

四年来，呼伦贝尔职业技术学院（以下简称"学院"）共青团教育引导大学生深入学习习近平新时代中国特色社会主义思想，加强理想信念教育，积极开展"三下乡"暑期社会实践活动，将爱祖国担大任做新人的种子植入心田。

（一）从"自找苦吃"到体悟人生，探寻一条实践长征路

2017 年，在学院的指导与鼓励下，团委的两名教师怀揣着对未知的紧张与憧憬，迈出了对"三下乡"探索的第一步。那年夏天，院长带领我们前往辉苏木中心校，为当地的居民送演

出；那年夏天，我们带领学联骨干走进满洲里红色国际秘密交通线；那年夏天，学生处领导带领我们，赴内蒙古 11 个乡镇，为当地居民开展理论宣讲，全程 4 554 公里。

2018 年，在初次探索的基础上和各系领导的高度重视下，九系团总支书记加入我们团队。那一年，我们足迹遍布内蒙古，开展了"青年大学习、奋斗新时代"的社会实践活动；那一年，活动内容也第一次达到内蒙古的标准，涵盖国情社情区情观察、理论宣讲、科技助农助牧、教育关爱、文化艺术、健康扶贫等等；那一年，团委新思想宣讲团，用支教的方式开展宣讲；那一年，艺术系开着乌兰牧骑大篷车把精心编排的 12 个文艺作品送到牧民家门口；那一年，机电工程系奔赴苏木嘎查为村民义务维修家电；那一年，建筑工程系运用专业技能绘制了呼伦贝尔地区的古建筑图纸，保留了历史记忆；等等。无数次的第一次在那年夏天迸发出了火花，同时在学院探索"三下乡"实践育人的道路上，我们也遇到了更多志同道合的朋友。

2019 年，我们迎来了更大的挑战，内蒙古首次要求 KPI 的数据考核，要求统一在团中央中青校园备案，这打乱了我们放假前所筹备的精品项目和百人团队的计划。当时，学院和各系领导成为团干部们的坚强后盾，我们 14 名教师团干部打了无数电话、发了无数条微信，动员全体大学生积极参与"青春心向党、建功新时代"社会实践活动。在不懈努力下，参加活动的大学生数从破百到破千，达 2 321 名，中青校园备案率达 91%，位列全区第一，同时，难忘的是，那年学院党委带领全体专职团干部"三下乡"团队第一次走出内蒙古，乘坐 44 个小时的火车，跨越 2 894.7 公里，奔赴革命圣地延安，接受精神洗礼；难忘的是，蒙医蒙药系开展野外生药采集，传承蒙医药文化；难忘的是，经济管理系深入农村开展实践调研；难忘的是，商贸旅游系红色足迹遍布全国各地，以"三下乡"为品牌进行爱国主义教育，传承红色革命精神；等等。我们不计回报的付出，在学院"三下乡"实践育人的道路上，和数以千计的战友探索出精品化项目和最大化覆盖相结合、大数据统计的规范化道路。

2020年，对于中国来说是具有特殊意义的一年，这一年，是全面建成小康社会的收官之年，是全民接受考验，齐心战"疫"的一年。这一年，在社会实践的道路上，我们遇见了新的机遇与挑战。如何在疫情防控常态化工作前提下做好社会实践工作，如何在助力脱贫攻坚、复工复产的时代背景中发挥职院青年应有的作用，等等，是我们需要解决的难题。面对这些困难，我们秉承学院精神，精心安排，勇往直前，以就近就便为原则，返回家乡，深入基层，2 804名大学生打卡"向祖国报道——社会实践云接力"，走在全区前列。在助力脱贫攻坚和复工复产的道路上，我们开展以"小我融入大我，青春献给祖国；决战脱贫攻坚，投身强国伟业"为主题的社会实践活动。社会实践团走进鄂伦春自治旗，与当地的全国向上向善好青年交流，感受民族团结文化，推进民族教育工作；走进全国特殊贫困县贫困村——诺敏镇的洪生村，科技助农，听老党员讲脱贫故事，感受信仰的力量。信息工程系，走访多个本地旗县，师生用专业技能助力本地电子商务产业，服务地方经济发展。化学工程系教师带领学子奔赴企业观摩学习、助力复工复产。护理系发挥党建带团建的战斗堡垒作用，为苏木嘎查的农牧民送去医疗讲座和爱心义诊，让党旗在疫情防控一线高高飘扬。

时至今日，最宝贵的是每年暑假奔赴祖国和人民最需要的地方，在那里书写青春回忆。学院师生齐心协力，做到了习近平总书记提倡年轻人要"自找苦吃"的要求，走出了一条线上与线下相结合、精品项目与全员覆盖相结合、落实国家方针政策与服务地方经济发展相结合、数据管理智能化的磨砺品格、体悟人生的"自找苦吃"道路。

（二）从"书本教学"到社会实践，探索一种育人新模式

1. 聚焦思想引领，打造社会实践"金课"

学院高度重视培育大学生社会实践能力，已将社会实践课纳入人才培养计划。通过探索，在"三下乡"社会实践课的打造中，我们始终坚持思想引领和实践育人相结合的原则，将世情、国情、党情、社情融入活动内容，立足学科优势，发挥专业特长，在支教、扶贫、济困、扶老、助孤、助医多个方面积极作为，时刻引领大学生践行社会主义核心价值观。

学院整合资源，推进校政企军协同育人平台建设，高职院校人才培养定位就是服务地区产业发展。所以，我们的"三下乡"活动也紧跟区域产业经济发展方向，坚持产业发展和实践育人相结合，主动服务国家发展战略，努力搭建校政企军协同育人平台。

四年中，团委联合鄂伦春旗纪委监委共同开展"扶贫+扶智"三下乡，科技帮扶当地产业，先后在锡林郭勒正镶白旗第一小学、阿里河第二小学建立社会实践教育基地；信息工程系在市商务局的大力支持下，在新巴尔虎左旗、扎兰屯等地为农牧民商户义务培训电子商务知识；化学工程系、机电工程系大学生赴企业开展顶岗实习，在疫情期间助力企业复工复产；信息工程系、艺术系送教、送演出、与军营共建等，不断推进平台建设。

2. 与时俱进，探索实践新模式

2021年，为更好地引领全院大学生在疫情防控工作常态化的形式下继续奉献成长，我们鼓励师生采取"云组队""云调研""云访谈"等网络形式，探索"互联网+返家乡"实践新模式。

（1）从志愿奉献到扎根基层，拥抱一种成长与收获。

"到基层去、到祖国最需要的地方去!"是习近平总书记对当代大学生的殷切寄语,我们带着习近平总书记的殷切嘱托,在一次次社会实践中,带领大学生真正接触社会、融入社会、服务社会。学院大学生切身感受党的政策方针带给社会的巨大变化,也向社会展示了大学生深入基层、投身实践、乐于奉献的精神风貌,取得了阶段性成果。

(2) 有一种收获叫做"别人眼中的职院"。

在网络信息化的时代背景下,我们充分运用深化实践活动宣传的效应,让更多的人了解了祖国北疆、内蒙古、学院和学院大学生,不断扩大学院的社会影响力。我们开设"三下乡快讯"专栏,发布实践纪实数百篇,收集照片 2 万余张,视频总时长 500 余小时。我们的活动得到了多家媒体的关注,学习强国、中国青年网、团中央学校部、团中央服务青年发展平台"创青春"、北疆大学生、内蒙古共青团、内蒙古团委学校部等央媒、省媒先后报道学院的"三下乡"活动近 50 次。和大学生返乡座谈时,我们感到了他们从羡慕别人的大学生活到骄傲地分享自己社会实践活动成果的转变,我们深深地感受到,他们收获了一种"别人眼中的职院"的自豪感。

(3) 有一种收获叫作"荣誉是一份沉甸甸的回忆"。

我们的努力,不仅为学院师生带来独有的归属感和自豪感,也得到了上级给予我们的鼓励和肯定。我们获得全国暑期三下乡社会实践"优秀团队""先进个人"荣誉称号;某院系的实践团队连续三年被授予"镜头中的三下乡"奖项;我们获得全区暑期三下乡社会实践"优秀志愿者服务队"荣誉称号 4 项、"优秀工作者"荣誉称号 4 项、"优秀指导教师"荣誉称号 6 项、"优秀志愿者服务队员"荣誉称号 30 项;学院连续两年获得"全区优秀组织单位"荣誉称号。

(4) 有一种收获叫作"在实践中成长,在奉献中改变"。

每年假期，实践团队秉承蒙古马精神从学院出发，前往全国各地。半亩拙田青山旁，我们边做农活边讲政策；一缕炊烟绕山塘，我们探寻文明新风；乡村支教别离时，虽苦乐相随，却情深不已；革命圣地忆峥嵘，牢记吾辈时代使命；高新园区唱未来，体悟工匠精神，胸怀报国之志。

"纸上得来终觉浅，绝知此事要躬行。"如果，您问我，一路走来是什么让我们乐此不疲、甘之如饴？我会说，是因为我们可以用脚步去丈量祖国的每一寸土地，用心用爱用奉献去感受老百姓的热情淳朴的温度、民族文化的厚度、新时代公民道德建设扎根的深度和全区决战脱贫攻坚的力度。用理想信念在这条"自找苦吃"的道路上，努力优化实践育人职院模式，以"上好'国情'思政大课，打造社会实践'金课'"的决心，为国家发展贡献力量，培养更多能担当民族复兴大任的时代新人。

二、党建带团建青春志愿行——护理系党总支引领大学生深入辉苏木开展暑期"三下乡"社会实践活动

（一）前言

大学生"三下乡"活动，是为了加强大学生思想道德修养，培养大学生创新精神和实践能力，成为素质教育的教育田。要进一步贯彻和实施团中央有关大学生"三下乡"的号召，践行志愿者精神，积极服务于社会，发挥大学生在当代社会的先进作用，扎根中国大地了解国情民情，通过社会实践坚定理想信念、站稳人民立场、练就过硬本领、投身强国伟业，使广大学生在丰富多彩的实践活动中受教育、长才干。从2018年起至今，护理系团总支始终坚持在党总支指导下，围绕"青春心向党，建工新时代""青年大学习，奋斗亮北疆""小我融入大我，青春献给祖国，决战脱贫攻坚，投身强国伟业"三个主题，

以团支部为单位共组建以"美丽中国实践"国情社情观察、"爱心医疗服务"助力脱贫攻坚、疫情知识宣讲等为主题的36个小分队,有256人次参与,足迹遍布6个盟市、39个旗市县,服务时长累计达290小时。大学生暑期三下乡志愿服务活动,服务范围包括6个国家级贫困县,开展活动的志愿者人数达到116人次。在系领导的高度重视和大学生的积极参与下,三年来我系三下乡志愿服务活动人数、团队数、遍布足迹都呈上升趋势。

下面以2020年组织的活动为例,总结三下乡活动开展的过程、取得的成果和带来的思考。

(二)团队介绍

此次活动的参与主体是2019级13个大专团支部的87名青年团员,他们按地区以就近为原则组成了22个小分队。2020年7月13日—8月28日,他们开启了历时44天,服务时长累计150小时,足迹遍布6个盟市、26个旗市县的"小我融入大我,青春献给祖国,决战脱贫攻坚,投身强国伟业"的三下乡活动。其中爱心医疗服务项目参与19人次,助力脱贫攻坚项目参与27人次,观察国情民情项目参与21人次,疫情健康知识宣讲项目参与20人次。

下面我们重点介绍由护理系领导班子、党员代表、团总支和大学生志愿者参加的,以"助力脱贫攻坚、投身强国伟业"为主题的党建带团建引领大学生深入辉苏木"三下乡"社会实践活动。

2020年8月11日上午7点,在蒙蒙细雨中,我们师生一行17人,开启了前往辉苏木的社会实践之旅,在历时近2个小时的车程中,王树书记给师生们介绍了此次活动的意义、要求以及要达到的目的,还介绍了辉苏木是学院的包联单位,以及在包联过程中为牧民群众做的大量工作;陈成林主任给大家介绍了呼伦贝尔市、辉苏木的历史文化和风俗民情等。师生们也分别发表感言、用歌声抒发情怀，客车内仿佛是一个内容丰富、别开生面的集政治性、思想性、知识性、趣味性于一体的移动思政课堂。在不知不觉中我们到达了目的地——辉苏木党群服务中心站。

辉苏木党委书记额日德尼和学院派驻辉苏木干部阿西塔早已在门口等候。辉苏木党委在党群服务中心召集了部分党员干部、医疗卫生人员、牧民群众 40 余人参加活动。在启动仪式上，王树书记阐述了活动项目和意义，并代表护理系党总支捐赠了医疗物资，简短的仪式之后在辉苏木党委的大力支持和精心安排下，此次活动依次有序进行。

送知识下乡——"牧民防疫知识微课堂"。结合自身专业特长，为牧民群众普及疫情防控知识。第二党支部教师、第一党支部教师分别主讲了"鼠疫防控知识讲座""新冠肺炎疫情防控知识讲座"，讲解过程中，志愿者们现场为牧民群众演示了"七步洗手法"和如何正确佩戴口罩。

送政策下乡——国家资助政策宣传。张芃芃老师为牧民们解读了国家的资助政策，并动员吸纳牧民群众的子女到学校学习一技之长，鼓励牧区青年用自己的智慧实现脱贫致富之志，在"扶智"和"扶志"上助力精准脱贫。

健康义诊，热情服务。讲座之后，志愿者们为参加活动的牧民群众测血压、测血糖、测体温，现场解答了牧民们提出的慢性病护理等医学方面的问题。

深入养老院，慰问老人。在额日德尼书记和阿西塔老师的陪同下，王树书记、陈成林主任带领师生们深入辉苏木"互助养老幸福院"看望慰问老人，为老人赠送了"爱心包"、水果等慰问品，志愿者们为老人量血压、测血糖等并帮助老人清理门前的积水。在"互助养老幸福院"内我们了解到，在呼伦贝尔市域内所属的苏木，这样的养老院有三所，由政府出资创办，70岁以上的孤寡老人，均可入住。每位老人都有自己相对独立的、设施齐全的房屋，这是政府承办的居家式互助养老方式。老人们在这里老有所养、老有所乐、老有所为、有一位年近八旬的老人，她每天用自己的一双巧手缝制地毯、壁挂、太阳花挂件、香包等民族手工艺品，这些精美的作品寓意深刻、构思巧妙、手工细腻，这是刻记在老人基因中的民族传统文化。老人向我们说，是党和国家的好政策，是习近平总书记深厚的人民情怀为我们带来了今天的幸福生活。

让牧民们过上幸福快乐的生活，辉苏木的"互助养老幸福院"只是国家为农牧区的贫困老人们集体养老的一个缩影，是社会主义新农村牧区建设的一个缩影，也是脱贫攻坚取得的成果。

总结2020年的三下乡活动，整体上取得了以下成果和收获。

三、实践成果

（1）党建带领团建，加强党组织对大学生政治思想引领作用。

（2）发挥专业优势，助力脱贫攻坚和疫情防控阻击战第一线。

（3）依托网络平台，拓宽实践渠道"互联网＋社会实践"的模式。

（4）深入基层锻炼，在实践中提高社会实践能力和综合素质。

（四）实践收获

1. 深化爱国思想

通过观察农村、牧区的新面貌，老人们老有所依、老有所养、老有所乐、老有所为的生活状态，大学生深刻体会到社会主义制度优越性带给人民的保障，从而增强了爱国情感和振兴祖国的责任感。

2. 厚植家国情怀

通过参观红色教育基地，在红色教育和红色基因中吸取了信仰力量，从而自觉地肩负起时代的重任，厚植家国情怀。

3. 助力脱贫攻坚

通过深入基层，走进群众，身体力行为贫困群众解决实际困难，助力精准扶贫。

4. 牢固树立专业思想

在为牧民群众送医疗卫生服务和传递疫情防控知识的过程中，大学生不仅提高了专业知识水平与实践能力，更增强了职业的神圣感和使命感，坚定了学好专业知识、奉献社会、践行社会主义核心价值观的信念。

三下乡暑期社会实践，使大学生在社会实践中强化了作为新时代大学生的责任与担当，在学思践悟中坚定了理想信念，在奋发有为中践行了初心使命，立志投身强国伟业，小我融入大我，青春献给祖国，为民族伟大复兴梦想的实现贡献自己的智慧和力量，做社会主义事业的建设者和接班人。

三、发挥专业优势　助力脱贫攻坚——信息工程系引领大学生深入军营、农村开展暑期"三下乡"社会实践活动

2018 年，我们的实践团走进了绿色军营，开展了主题为"中国梦，强军行"送教送学进军营的社会实践活动，近距离接触了火热军营，了解了当代军人的生活和精神世界。实践活动从 2018 年 7 月 6 日持续到 8 月 26 日，我系先后派出 7 名教师前往阿尔山边防部队进行送教送学活动。我系的学生实践团于 8

月26日来到阿尔山北部战区陆军某边防旅，开展参观、服务、体验等系列活动。在指导员的陪同下我们走进了军营，指导员让我们与战士们同吃同住，让我们学习部队回收餐盘的方法。活动中我们对连队电脑进行检查维护、为战士们带去了网络安全教育宣讲，通信信息中心官兵向我们介绍了作战专用服务器，随后我们来到文化路，朱教官给我们介绍了文化墙的历史故事。当日下午，我们下到连队，为边防三连赠送专业教材50余本，参观了连队的文化建设，教官为我们讲解武器装备，表演了蒙眼枪支拆解与组装，大家目不转睛，心中十分佩服。除了参观如此精彩的实战展示，我们还与战士们交流了如何叠好被子等，大家深深感受到这些整齐的"豆腐块"就是战士们日复一日辛苦练习的缩影。部队官兵带领我们爬了279级台阶，参观了哨所的岗哨和战壕，官兵们给我们分享了他们参军的原因，讲述在执行任务时遇到的种种危险，最后我们来到祖国边防的界碑旁，当我们激动地喊出"驻守边防，圆梦北疆，铁血军魂，扬我军威！"的口号时，我们都被这深深的爱国情感动了。参加此次实践团的大学生中，目前已有3人光荣入伍，实现了自己的军旅梦，其他大学生全部考入呼伦贝尔学院进行本科阶段的学习，这也许就是实践育人的最好体现。

随着电子商务的不断发展，结合我系的专业特色，2019年和2020年，我系开展了主题为"助梦前行，科技帮扶"的暑期三下乡实践活动。2019年，服务团同呼伦贝尔市商务局一起，前往呼伦贝尔市农业三旗，深入开展电子商务知识培训和社会调研活动。我系崔艳敏老师为农业三旗近200名人员进行了专业培训，随后我们参观了国家级电子商务示范基地，与相关企业人员和各村从事电商工作的人员进行了座谈。通过走访和调研，我们了解到农民在开展电子商务时，面临着如下问题：人力、知识的缺乏，尤其是技术难题最难以解决。调研回来后我系专业教师团队根据实际需求调整了电子商务的实训课程，引导、鼓励大学生加强实践技能的学习。

2020年年初，突如其来的疫情给农民们带来了沉重的打击。想起习近平总书记曾说"电商不仅可以帮助群众脱贫，而且能助推乡村振兴，大有可为"，我们在专业教师的指导下，自发成立了实践服务团，充分发挥所学的知识和技能，通过网络销售平台为积压的农产品拓展销售渠道。其中，通辽服务团的小伙伴们通过走访、调研，了解到通辽市周边乡村因疫情导致荞麦、干辣椒、芥菜、黄豆等大量农产品积压。大家连夜商讨研究对策，从平台选择、商品采集、农产品上架、商品的宣传推广，到交易的达成，大家都踊跃参与。经过大家的共同努力，正式售卖的第一天就迎来了"开门红"，销售额达到一千多元。农民们纷纷感叹网络带货的力量，同时也深深感受到"网络"带来的便利。

服务团来到科尔沁区东查干村，在一次访谈农户过程中，了解到当地有两位孤寡老人，生活贫困，年龄较高，无法进行过多的体力劳动，而当时又正值农产品生长的重要时期，我们经过商讨后，租赁了植保无人机，并购买农药，利用科学技术，对两位孤寡老人的20亩田地进行植保无人机打药，老人们非常感激我们的热心帮助，也感受到了科技为生活带来的便利。

在"脱贫摘帽重点村"——团结村，服务团与村主任交流后，了解到村中正在积极帮助3个贫困家庭。随后，志愿者们前往贫困户家中进行慰问，了解到其中一个贫困家庭因家中劳动力缺乏，无法完成除草工作。第二天一大早，我们在村主任的带领下，下田帮助农民除草。经过一个上午的努力，6位同学完成了全部土地的除草工作，帮助这个贫困家庭解决了很大的困难。

非常高兴和大家分享我系2020年的暑期三下乡实践活动，作为全区唯一被团中央"创青春"微信公众号平台进行报道的高职院校团队，通辽团队的实践活动作为优秀的实践活动被推荐到自治区优秀实践活动展进行巡展。

2020年的三下乡实践活动我系共计组建了9支队伍，实践时长覆盖7、8月，累计服务天数接近40天，跨越了2 000多公里，深入呼伦贝尔市各旗县、通辽市科尔沁区、兴安盟突泉县等6个市级行政区进行暑期社会实践活动，活动类型以科技帮扶为主，爱心公益、志愿服务等多种形式百花齐放。在2010年的三下乡活动中，信息学院学子利用专业知识服务社会，发扬志愿服务精神，在他们身上我们看到了"小我融入大我，青春献给祖国，助力脱贫攻坚，投身强国伟业"的新时代青年的责任与担当。

四、实践归来话成长，青年使命勇担当——机电工程系多渠道开展大学生暑期"三下乡"社会实践活动

为推进大学生社会实践活动持续深入开展，在实践育人中发挥突出的作用，机电工程系团总支以让大学生增长社会阅历、拓宽视野为主要目标，根据上级团组织部署，积极开展暑期"三下乡"社会实践活动，"三下乡"不仅是推进素质教育进程的重要手段，也有助于大学生接触社会，了解社会，同时让大学生在实践中学到更多书本上没有的知识和做人的道理。

（一）以专业特长为依托，开展暑期"三下乡"社会实践活动

机电工程系主要专业分为机电一体化、电气自动化、汽车检测与维修三个方向，结合专业特点，机电工程系以学生社团、顶岗实习为抓手开展具有本专业特色的"三下乡"活动。这里我首先要重点介绍的是电气自动化专业的"智未来创客空间"社团实践活动。

1. "智未来创客空间"社团实践活动

"智未来创客空间"是由机电工程系郑香伟老师担任指导教师,大学生自发组成的学生团队,它秉承"以心助人,以技助人"的宗旨,以"弘扬雷锋精神,服务广大师生"为目的,让大学生用实际行动把在学校学到的知识与技能运用到实际中,服务于广大师生。2018年,该团队在系团总支备案后以学生社团形式开展活动,前期社团活动开展非常困难,面临没有场地、大学生专业知识不扎实、组织管理不到位、经费短缺等问题,但是功夫不负有心人,在郑香伟老师牺牲个人时间,手把手教学和社团学生积极进取、钻研专业技能的努力下,社团逐步走入正轨,后续也得到了系领导的大力支持,拥有了自己的社团活动室。社团平时除开展3D打印和智能机器人技术的研究与学习外,还面向全院师生长期开展家用电器、电子产品、机电设备的义务维修公益服务。2018—2019年,"智未来创客空间"对学院1、4、6、7号学生宿舍楼处在故障状态的广播系统进行了全面检修,使广播系统全部恢复到了正常工作状态;长期为学院食堂电器设备进行维修维护;为全院的学生桌椅进行维修维护;为老师和同学们维修了大量电子电器产品,并获得了一些小家电的捐赠和广泛的好评。

2018年暑假,在系团总支的动员和带领下,"智未来创客空间"社团奔赴陈旗库热格太嘎查村开展"青春助农,科技下乡"活动。在当地村委会的协同配合下,此次实践活动开展顺利,受到了村民的热情欢迎,村民纷纷把需要维修的家电送到村委会,由社团进行集中检测和维修。家中不方便移动的大型家电,社团成员通过上门服务的方式帮助维修,短短一天的实践活动,共帮助当地村民修好家电20余件,还向有需要的当地学生和村民发放了一些与专业相关的书籍,切实帮助村民解决了实际问题,传递了青春正能量,我们也在实践过程中收获了巨大的成就感。

2. 2020年学生顶岗实习社会实践

为不断提升教育服务经济社会发展能力，深化产教融合、校企合作，培养更多高素质劳动者和技术技能人才，2020年6月，在疫情防控取得成效的大背景下，在国家大力推动复工复产之际，机电工程系组织2018级大专班、2018级中专班共计125名大学生提前奔赴实习岗位，成为青岛海尔、厦门天马微电子、嘉兴敏实三家企业的正式顶岗实习生，为企业复工复产赋能。企业复工复产后，首先遭遇的就是人手短缺的问题，此次机电工程系的实习生发挥专业特长顶岗实习，从大学生个人角度、企业角度、学校角度来说都具有重要的意义。

除此之外，机电工程系教师担任汽车检测与维修专业坐落于学院西门侧的汽车服务实训中心的指导教师，在疫情到来前始终面向全校教职工开放免费洗车、更换轮胎等服务。疫情期间，大学生在家发挥特长，维修家中日常用具。在开展上述种类多样的"三下乡"实践活动的过程中，机电工程系的大学生表现出了出色的专业能力和敬业精神，不但切实提升了学生的专业技术能力，也帮助了他人，丰富了内心。

（二）以志愿服务为抓手，提升大学生实践能力

1. 鼓励大学生积极参与抗击疫情志愿服务

2020年初始，一场百年不遇的重大疫情不期而至。机电工程系许多学生志愿加入所在地抗疫志愿者团队。下面以2019级汽修大专班王涛同学作为典型代表，来讲述他的志愿服务经历。

2020年1月25日，农历大年初一一大早，微信"朋友圈"里满满都是相互拜年或叮嘱注意预防新型冠状病毒的信息。王涛第一时间结束了自己的春节假期，向社区主动请缨要求加入"疫情防控突击队"，参与到扎赉诺尔区新型冠状病毒疫情防控

工作中，他出门前还和父母开玩笑说："我不怕，防控工作需要我，我要用我的'速度'先击这病毒一拳！"2月20日，突击队深入扎赉诺尔区第四办事处新兴社区，针对社区居民健康情况、有无疫区返乡史、有无与疫区人员接触史、有无发热病人等多项内容进行详细排查，并做详细记录，帮助社区工作人员极大缓解了工作压力。

在社区志愿服务期间，他发放至居民手中的小区出入证达千余份，办理出行证明和解除居家、集中隔离材料万余张，通过自己的实际行动为疫情防控工作"全覆盖、无盲区"贡献了自己的一份力量，最大限度地宣传了防控工作，提高了居民知晓率和对防控工作的重视程度。突击队不仅要每日分类统计人员、车辆出入表格，还要防止居民信息泄露，通过对小区隔离人员、疫区返乡人员及特殊管控人员的重点防控，截至2020年4月3日，在新兴社区范围内未出现隔离人员脱管现象。在整个服务过程中，王涛深知社区严格筛查人员去向、居住地的意义，所以他从来没有松懈。在持续两个多月的抗疫志愿服务中，他不分昼夜，勤勤恳恳，获得了身边工作人员、社区居民的高度认可，在即将完成志愿服务之际，他还获得了共青团内蒙古自治区委员会和内蒙古自治区青年志愿者协会联合印发的志愿者服务证书。

2. 新时代文明实践志愿服务

为增加大学生社会实践经历，培育新时代新青年，根据学院团委安排，在考虑大学生安全健康的前提下和严格遵守疫情防控工作要求下，机电工程系暑期"三下乡"新时代文明实践志愿服务团队于2020年7月17日来到海拉尔区健康街道办事处松山社区，开展了为期一天的社会实践活动。

7月17日上午9点，当晨光射穿薄雾，吴岩、郭健、黄朝鲁门、李志、王涛、海日汗6名同学到达松山社区，在社区工作人员的带领下，志愿服务团首先走进小区打扫社区卫生。经过一上午的辛勤劳动，大家看到了与之前对比鲜明的社区风貌，切身感受到了整洁干净的生活环境对人们生活的重要性。下午2点，在社区工作人员的带领下，志愿服务团在松山社区开展了实地调研。首先，志愿服务团参观了松山社区的工作环境，了解了社区为人民服务的点点滴滴；随后，大家在社区公示栏看到，在新冠肺炎疫情防控关键期，小区和商铺建立了网格化管理制度，凡是从高、中风险地区来海拉尔区必须持有7天内核酸检测呈阴性的医学证明，或集中隔离14天医学观察无异常后方可自由活动；紧接着，志愿服务团来到二楼，墙上布满了习近平新时代中国特色社会主义、十九大三中全会精神、社会主义核心价值观、四个全面战略布局、五位一体总体布局以及自改革开放以来中国所取得的成就等展板。通过此次参观和了解，大家更加坚信中国人民一定要走属于自己的中国特色社会主义发展道路。

下午4点，经与社区工作人员沟通，大家来到社区中的经济贫困家庭做调研，通过与该家庭的沟通和社区工作人员的介绍，大家了解到该家庭的许多难处，在离开之前，志愿服务团自发向该家庭的孩子赠送了书包、橡皮等文具用品。

在夕阳的衬托与志愿服务旗帜光芒的照耀下，大家露出了满意的笑容，这也代表着，历时一天的新时代文明实践志愿服务团走进松山社区活动结束了。通过此次活动，志愿者们看到了松山社区的真情实况，增加了社会实践经历，并且通过自己的努力还给了社区一片洁净。

（三）结束语

实践育人的效果是显著的，例如，在"智未来创客空间"中，大学生当中出现了佼佼者，他们通过自身的努力和实践在国家级专业技能大赛中脱颖而出，最终为自己的就职带来了积极影响，改变了自己的人生轨迹；在开展社会实践活动的过程中，涌现了许多具有热心和爱心的优秀志愿者，这些志愿者通过参与社会实践，奉献了自己的爱心和力量，而在此过程中，个人价值的体现其实对每个大学生来说是更为重要的。

最后，用志愿者的真实感悟来作为本实践活动的结尾，他是2020年暑期"三下乡"活动的一名参与者，面对志愿服务，他说，"当我们在实践归来途中回味细微之处的感动时，就会明白话语间的温暖、瞬间伸手的扶持是多么的弥足珍贵，就是那么不经意间的付出足可以让人燃起热情和感动。这次'三下乡'社会实践，对我们来说是一笔无比珍贵的财富和一份不可多得的机会，我们的暑假，因为有了它，而变得更加充实丰富！"

五、凝聚青春力量·奏响青春赞歌——商贸旅游系暑期"三下乡"社会实践以初心立信心

为深入学习贯彻习近平新时代中国特色社会主义思想，引领大学生勇做担当民族复兴大任的时代新人，使大学生在社会实践中受教育、长才干、做贡献，为丰富大学生的暑期生活，在系党总支和学院团委的统一部署下，商贸旅游系团总支于2018—2020年组织开展了以"凝聚青春力量·奏响青春赞歌"为主题的暑期"三下乡"社会实践活动。

我们组建了30支社会实践活动小分队，共计200余人，覆盖红色教育、助力复工复产、脱贫攻坚、志愿服务、就业创业等多方面内容，足迹遍布苏州、北京、大连、天津、张家口及内蒙古的多个盟市，获得了自治区级表彰2项，被自治区党委宣传部报道1次。下面围绕"青春书写新时代的荣光""凝心聚力助力脱贫攻坚""众志成城助力复工复产"三个主题进行详细介绍。

(一) 以传承受教育，以弘扬记初心，以使命化动力，用青春书写新时代的荣光

为使红色基因在大学生中融于血、入于脑、化于心、见于行，使大学生当好红色基因的传承者和实践者，从而不忘初心，努力奋斗，2018年8月，商贸旅游系综合办教师带领大学生走进苏州革命博物馆；2018年7月，商贸旅游系学工办教师带领"三下乡"团队前往大连中华工学会旧址开展社会实践活动。2018年8月，我们带领大学生前往满洲里国门景区开展红色教育实践活动。

为了引领教育广大青年学子勇做担当中华民族复兴大任的时代新人，2019年7—8月，我们的团队来到鄂温克自治旗锡尼河东苏木孟根嘎查和扎兰屯市第四中学开展"青年党员（学生）学青年习近平"主题宣讲活动，更好地激励当代大学生学习习近平总书记矢志不渝的理想信念、爱国为民的家国情怀、勤奋好学的进取精神、求真务实的优良作风和吃苦耐劳的优秀品质。

(二) 以初心立信心，以磨砺炼韧劲，以科技助奋斗，凝心聚力助力脱贫攻坚

2020年是全面建成小康社会和"十三五"规划的收官之年，是实现第一个百年奋斗目标的决胜之年，也是脱贫攻坚战的达标之年。

我系暑期"三下乡扶贫攻坚队"走进前国家级贫困县武川县，在武川县供销社董主任的带领下，进行实地走访调研，了解莜面、燕麦等农产品的加工过程，帮助农户学会通过网络技术来销售自己的产品。此次"三下乡"活动被内蒙古自治区党委宣传部主管、内蒙古日报社主办的北疆大学生公众平台转发报道。通过本次"三下乡"社会实践活动，大学生们磨炼了意

志，深刻认识到责任与担当，实现了社会实践过程中"服务社会，锻炼成才"的目标。

我们的很多队员在疫情期间也主动奋斗在抗疫一线，其中就有这次"三下乡"活动的主要组织者王佳伟同学，在"三下乡"活动结束后，王佳伟同学立即自愿加入呼和浩特市爱心车队，为隔离区的医护人员送饭，当时隔离区已有12名确诊病例。穿防护服的感觉让王佳伟到现在都难以忘怀，他说："当时我脚腕和袖口被紧紧勒住，感觉血液的流速都比平时慢了一大截。面部就更不用说了，防护服和护目镜的双重压力，导致我的眼睛充血，从头到脚感觉一直是酸涩的，一层N95医用口罩，再加上一层医用外科口罩，每呼一口气都是非常吃力的。在这种情况下，我们每人提着8盒饭菜走进隔离区的时候，感觉就像是蒸桑拿一般湿热憋闷、喘不过气，衣服被汗水打湿，再被身体烘干。"

（三）以实践长才干，以踏实展担当，以真心奏赞歌，众志成城助力复工复产

目前，国内疫情形势已经基本稳定，复工复产持续推进，作为青年学子应当心系社会，感受民情，助力复工复产，聚焦百姓民生。

肩负使命的志愿服务队一行6人来到呼和浩特市前巧报社区助力企业复工复产。社区负责人李主任与实践队员进行了座谈。座谈中，李主任介绍了社区内当前复工复产情况、政府出台的政策以及行业未来发展规划，座谈会使实践队员对于复工复产政策和稳定民生举措有了更加深入的理解和认识。

在严格落实疫情防控措施的要求下，我们的劳动实践团一行13人来到苏州松陵饭店，将所学的理论知识运用于实践，对酒店工作中有待提升之处提出了很多可行性建议。

我系空乘专业5人组成的"同心协力团"在北京首都国际机场和赤峰玉龙机场开展了以助力疫情防控和复工复产为主题的社会实践活动。为了使大家更好地了解国内机场的运营管理模式，机场的相关负责人首先向大家简单地介绍了机场情况，并提出了相关工作要求，使大家对民航服务的整个链条有了较全面的认识。

以再就业为主题的社会实践活动小队来到内蒙古呼和浩特市财神庙街的商铺。队员们积极主动地为顾客介绍食品，以"互联网+"模式，聚集各类平台优势，结合"电商+社区"团购，积极拓宽产品销路，逐渐帮商铺的滞销食品打开了销路。

我系暑期"三下乡"社会实践活动，由于覆盖范围广，有统一的服装和旗帜，有效助力了学院影响力的提升。此外，广大青年学子不忘初心，根据自身技能特点，用一己之力在不同方面奉献社会，体现了社会实践活动立德树人的重要作用。参与活动的大学生心灵都受到了极大触动，这与课堂上的收获是不同的。他们纷纷表示要树立远大抱负，脚踏实地，努力学习，在奉献社会的光荣实践中实现自己的人生价值，在不断认识世界的过程中提升自己，使自己拥有更大的力量，真正地在社会实践中扣好人生的第一颗扣子。

六、推动"实践育人"实效，打造"三全育人"新课程——化学工程系在暑期"三下乡"学思践悟中树立家国情怀

化学工程系在学院党委、学生处、团委的领导下始终坚持以"三全育人"为核心要求，充分发挥"实践育人"功能，2020年7月18日—8月28日，组建了11支"三下乡"团队，10名带队教师与100余名大学生参与活动，共走访江苏南京、黑龙江齐齐哈尔、内蒙古通辽、内蒙古兴安盟等20余个城市、

乡村、嘎查（蒙古族的行政村），跨越 6 700 公里，进行理论普及和宣讲 10 余场，覆盖 1 000 余人次。其中 1 次团队活动被呼伦贝尔市电台报道，1 次团队活动被内蒙古日报北疆大学生转发。

具体情况

（1）助力疫情防控，我们采访了呼伦贝尔市医院一线疫区医护人员，从他们平淡朴素的话语中，我们仍能体会到当时医院面临的严峻局面。致敬最美逆行者！幸得有你，山河无恙。

（2）我们跨越 2 661 公里到江苏南京中山陵开展"传承红色精神，缅怀伟人功勋"主题教育活动。跨越 600 公里来到齐齐哈尔市泰来县江桥抗战纪念馆开展"铭记江桥抗战，弘扬爱国主义精神"主题教育活动。我们追忆百年前那段波澜壮阔、争取民族独立的历史，深切感受到如今在中国共产党的带领下，中国人民正在实现中华民族伟大复兴的道路上砥砺前行。

（3）参与乡村振兴，投身打赢脱贫攻坚战，我们来到通辽市开鲁县永安村党群服务中心开展"贡献青春力量，助力乡村振兴"主题活动。

我们赴通辽市科左后旗甘旗卡镇东方之星学校，开展"繁荣乡村文化，助力乡村振兴"主题活动。我们根据未成年人的特性，用生动有趣的方式进行了以"科学防疫"为主题的安全知识教育宣讲。此次活动被内蒙古日报北疆大学生转发报道。

（4）我们在海拉尔区开展"爱心助力高考，情暖莘莘学子"主题活动，帮助家长、考生提前了解高校和专业信息等，争取让更多学子在志愿填报时做出最佳选择，避免"报考不慎毁一生"的遗憾。

（5）为积极响应国家地摊经济号召，我们在扎赉特旗音德尔镇开展"助力脱贫攻坚，情系地摊经济"社会实践活动。通过实践，我们认识国情、了解社会，在实践中深刻感受习总书记所说的"只有到基层中去、到实践中去、到人民中去,才能真正知道所学的知识如何去发挥、如何去为社会做贡献"的讲话深意。

(6)为深入推进教育精准扶贫工作,充分发挥教育扶贫优势,我们在系主任、党总支书记刘震、系副主任于世萍、学工办主任吴青松等人的带领下,深入鄂伦春自治旗诺敏镇、大杨树镇、鄂温克族自治旗辉苏木查干诺尔嘎查开展"携手同行,爱心扶贫,决战脱贫攻坚"社会实践活动。

鄂温克自治旗辉苏木查干诺尔嘎查是一个以传统畜牧业为主的嘎查,共162户人家,其中39户是贫困户。

来到嘎查后,我们向嘎查干部了解嘎查中贫困户的基本情况,在组织委员巴拉吉尔的陪同下,走访了贫困户,刘震主任给贫困户讲解了党的十九大报告中提出的扶贫攻坚的新任务、新要求,帮助他们及时掌握国家精准扶贫新政策。

在走访中我们不怕苦不怕累,在贫困户家中为他们打扫卫生、搬运、安装、调试设备等,切身体验"三下乡"生活。当了解到贫困户六一家中有两个女儿,大女儿白媛媛身有残疾,是一名在校高中生,因为家庭条件困难没有能力供她继续上学的情况后。我们为他们详细讲解了学院及国家资助政策、我系订单培养及企业资助办法等。国家的政策、企业的资助让这个不富裕的家庭有了新的希望,真正做到扶贫必扶智,治贫先治愚,把温暖送到贫困户的心中。白媛媛决定开学后到我系就读化工工艺专业。

通过实践活动,我们给贫困户带去了温暖,他们也给我们以深刻教育。在回程的路上,队员们认识到了自己身上所肩负的责任和担当,纷纷感叹自己的学习机会是多么的宝贵,并表示会好好珍惜这一切,努力提升自身素质,要尽己所能帮助更多的孩子和家庭走出贫困。

（7）为积极推进"三全育人"综合改革试点建设，我们把工作的重点和目标落在育人成效上，聚焦课内课外、校内校外，围绕企业实践、"三下乡"志愿服务活动等领域为大学生创造更多实习、实践机会。我们组织2021届毕业生奔赴我系订单合作企业呼伦贝尔东北阜丰有限公司、金新化工有限公司等企业助力企业开工。组织顶岗实习大学生学习企业相关规定、深入厂区参观学习，并与企业领导及我系已入职员工进行深入座谈交流，积极了解岗位胜任情况以及所学知识应用情况，以便提升后续大学生的培养质量，促进大学生技能等级以及动手能力的提升。此次活动被呼伦贝尔市电台报道。

在新冠肺炎疫情防控和经济社会发展的大背景下，化学工程系"小我融入大我、青春献给祖国"暑期"三下乡"社会实践活动团，以自身的专业优势和技术特长在服务地方经济、助力脱贫攻坚等方面，尽己所能，不忘初心，勇担使命，让大学生在学思践悟中树立家国情怀、感恩意识和责任意识，从而健全"三全育人"长效机制，全面提高人才培养质量，真正把大学生培养成有思想、有情怀、有责任、有担当的社会主义建设者和可靠接班人。

七、传承民族医药，建设美丽乡村——蒙医蒙药系暑期"三下乡"实践助力脱贫攻坚战

为深入贯彻学习习总书记新时代中国特色社会主义思想和党的十九大精神，带领广大青年团员投身社会实践，蒙医蒙药系组织成立了19个小分队，共计480位志愿者参加，奔赴5个盟市8个旗县参加红色教育、卫生下乡、爱心医疗、理论宣讲等"三下乡"社会实践活动，志愿者们身担新时代使命，下基层、走乡村、进牧区以"青春大学习，奋斗亮北疆"为主题，在"不忘初心，不虚此行"的道路上砥砺前行，开展推普脱贫

攻坚——紧紧围绕基层群众生产生活实际需求，围绕打赢脱贫攻坚战，引领大学生在暑期社会实践中受教育、长才干、做贡献，勇做脱贫攻坚的奋斗者、宣传员和实干家，切实使大学生增强"四个意识"，坚定"四个自信"。

在院领导的关怀和师生的努力下，我系的暑期社会实践活动开展得有声有色，社会实践工作呈现出生机勃勃、百花齐放之势！下面围绕蒙医蒙药系暑期"三下乡"社会实践中的亮点服务队进行介绍。

蒙医蒙药系结合年度野外采药认药实训活动，组织我系服务队，连续 5 年累计带领 580 名大学生去往内蒙古鄂温克旗维纳河林场开展实践服务活动。活动由系领导、学工办主任、专业教师及各班主任带队。在活动中，大学生们在维纳河林场采集了 300 余种植物药材，累计制作了 1 500 幅标本作品，深入学习专业知识，传承民族医药文化。同时，大家利用业余时间主动清理了敖包周围的垃圾，守护绿色草原，助力美丽中国建设。此外，珊瑚验方社团的大学生们更是每天坚持到疗养院开展量血压、按摩等爱心义诊活动，传递青春正能量。课余时间，师生们自己动手劈柴，一起做饭，在锻炼的同时更增进了师生感情。我们的团队不仅为维纳河林场的人们送去了物资，也为他们送去了精神上的鼓励，更加强了大学生对社会的认知，提升了他们的责任意识和服务能力。值得一提的是，我系 2018 年三下乡团队被《中国教育报》报道，受到了社会的认可与肯定！

2020 年是不平凡的一年，因为疫情本次三下乡社会实践活动不同往年，我系本着就近就便的原则，来到呼伦贝尔职业技术学院蒙药种植基地开展一次特殊的实践服务活动。实践期间，志愿者们在教师的指导下完成了开垦、播种、除草、施肥、栽苗等工作，志愿者们与领导、教师共同参与整个育种、栽苗工作，并利用休息时间，在农户的邀请下到附近进行野生蒙药材的种植及栽培的宣传培训工作，通过参与实践活动，激发了大学生吃苦耐劳的精神，他们深刻体会到了劳动的乐趣，宣扬了"绿水青山就是金山银山"的价值理念，更激发了他们学好本专业知识为国家、为社会做贡献的信心和决心。志愿者们的行动引起了广泛关注，内蒙古自治区团委从全区共青团角度出发选取案例，对学院蒙医蒙药系服务队的实践活动在全区进行了报道，这更加激发了他们参与实践活动的热情。

通过本次暑期"三下乡"社会实践，志愿者们更好地学习了实践性的专业技能，也提高了服务社会的意识和青年人的责任感！他们借助这一系列实践活动，为和谐社会的建设做出了自己的贡献，充分展示了学院大学生的良好精神风貌。

八、筑牢民族团结基石共谱文化发展乐章——艺术系大学生暑期"三下乡"活动

自2018年以来，艺术系团总支在学院团委、系党总支的正确领导下，深入贯彻落实习近平总书记关于教育的重要论述，坚持以立德树人为根本任务，结合学院"质量立校，服务地方，德技并重，全面发展"的办学理念，在充分发挥大学生专业特长的基础上，积极开展大学生暑期"三下乡"社会实践活动，先后共开展院系级特色活动27次，其余支部社会实践活动36次，返家乡活动87次。在上述活动中，艺术系教师也积极参与其中，活动足迹遍布14个城市乡镇，达到12 372.6公里。

（一）全面策划统一思想，铸牢中华民族共同体意识

内蒙古自治区是乌兰牧骑的发源地，艺术系师生始终坚持将弘扬中华传统文化和发扬乌兰牧骑精神相结合，以深化中国红色文化为宗旨，以传承少数民族文化为使命，以立德树人为核心，以民族艺术为抓手，以培养大学生成为新时代"四有新

人"为根本目标,要求大学生必须努力做到"学会做人、品行端正、多元发展、特长显著"四点要求。

为确保暑期"三下乡"活动顺利开展,艺术系团总支一直按照事前动员、事中跟进、事后总结的三步曲有条不紊地进行组织。每年7月初,艺术系团总支会召开前期动员会、活动讨论会,布置任务,宣传造势。在活动开始后,艺术系的教师们又会不辞辛苦地根据每个团队的活动亮点及时予以指导。特别是在活动中,大学生们战高温、冒酷暑,在深入基层"自找苦吃"的过程中传递爱心,在服务社会的同时也收获了自身的成长。可以这样说,艺术系的暑期"三下乡"活动,以文化艺术实践为主,以助老助幼助残等志愿服务为辅,既弘扬了社会主义核心价值观,也以实际行动践行了"提升自我,服务他人"的志愿精神,书写了一个又一个奉献与服务的"行知故事"。

(二)满怀热情齐装出征,弘扬传统文化促进民族团结

2018年7月5日,为进一步开展学院脱贫攻坚包联工作,切实推进民族团结,我系"律动青春"大学生暑期"三下乡"文化艺术实践团与乌兰牧骑队员共21名师生深入牧区,以牧民群众喜闻乐见的形式宣传党的惠农政策,开展以"脱贫攻坚、携手同行"为主题的慰问演出,帮助牧民在实现物质脱贫的同时实现精神脱贫,在精神文化层面激发牧民脱贫致富的愿望和志向,从而实现了助力脱贫攻坚的目标。

2019年8月,我系"青春之声、志愿相伴"大学生暑期"三下乡"文化艺术实践团、乌兰牧骑队员联合通辽市科左中旗乌兰牧骑赴通辽市科左中旗公安局和图布信苏木后聂家窑村,分别开展了"不忘初心、牢记使命——军民鱼水情"八一慰问演出和"庆祝中华人民共和国成立70周年、纪念中国人民解放军建军92周年"基层惠民演出,600余名群众和百余名士兵观看了本次演出，本次活动取得了较好的反响。

艺术系团总支始终以铸牢中华民族共同体意识为引导，以社会实践与专业知识相结合为目标，在促进民族团结和传承民族民间音乐实践上下功夫。2020 年 8 月，我系组织文化艺术实践团赴中国蒙古族长调民歌之乡——新巴尔虎左旗开展了以"探访巴尔虎民歌"为主题的社会实践活动。

在这次活动中，我们荣幸地邀请了国际民歌艺术研究科学院民歌研究博士、内蒙古长调艺术交流研究会常务、呼伦贝尔市民歌长调协会副主席萨仁其木格和国家非物质文化遗产代表性传承人、自治区非物质文化遗产代表性传承人、内蒙古艺术学院长调专业特聘教授都古尔苏荣，以及新巴尔虎左旗克鲁伦苏木嘎查人大代表、党代表、陈巴尔虎右旗长调协会会员乌云等 45 名巴尔虎民歌传承的老艺术家参与录制。录制过程从上午 9 点 30 分一直持续到晚上 6 点，所有参与人员几乎没有休息，艺术系的师生们完全沉浸在悠扬的旋律当中，大学生们静静地感受，教师们细细地聆听，老艺术家们不辞辛劳地演唱，艺术的感染力让所有人都忘却了时间和饥饿。有人说，你可以不懂蒙语，却无法不为蒙古族长调所动容，因为那是一种心灵对心灵的直接倾诉，这一次，我们深深感受到了这句话的含义，当心灵畅游在长调民歌的海洋中，心情是那样的愉悦，当时的情景至今难以忘怀。老艺术家们还向我们讲述了巴尔虎民歌的历史、传承民歌的意义和今后发展的方向，并嘱托年轻的大学生们努力学习，珍惜这个时代，珍惜国家给我们创造的美好生活。正如乌云老师对大学生们寄语时所说，我们要做中华民族优秀传统文化的传播者和弘扬者，要做巴尔虎民歌文化的保护者与传承人。

(三）奉献服务砥砺前行，确保"三下乡"活动效果显著

艺术系暑期"三下乡"活动自开展以来，多次荣登自治区团委学校部公众号等新媒体宣传平台，得到了自治区团委的赞扬和学院团委的大力支持。

2019年10月，我系教师特木其勒荣获自治区"大学生暑期'三下乡'优秀指导教师"荣誉称号，与此同时，艺术系暑期"三下乡"活动的育人成果也初见成效。在引领艺术系大学生深入学习贯彻习近平新时代中国特色社会主义思想，特别是习近平总书记关于青年工作的重要思想的同时，艺术系团总支严格按照"扎根中国大地了解国情民情，通过社会实践坚定理想信念、站稳人民立场、练就过硬本领、投身强国伟业"的文件要求，不断帮助大学生增强"四个意识"，坚定"四个自信"，做到"两个维护"，积极教导大学生不畏艰难险阻，努力拼搏，争取早日成才，从而能够为美丽乡村的建设贡献自己的一份青春力量。

在三年来的暑期"三下乡"活动中，艺术系团总支带领大学生们宣传党的政策方针，提升专业技能，不断为大学生创造平台，使他们积累实践经验，并且通过2020年的社会实践活动保存了120余首巴尔虎民歌的录音、录像等珍贵资料。与此同时，艺术系正计划以民歌教材为切入点，通过教材的编写、出版、普及教育等工作，推动巴尔虎民歌的传承与发展，为开辟巴尔虎民歌与高校相结合的民族音乐传承和发展道路奠定基础。

今后，我们将继续立足专业特色，在学院党委、系党总支和院团委的正确领导下，将中华传统文化和乌兰牧骑精神结合起来，让更多的大学生在社会实践活动中牢记青春使命，珍惜青春时光，奉献青春力量，绽放青春光彩，让青春之花绽放在祖国最需要的地方。

九、手绘城乡风貌，追溯红色记忆——建筑工程系深入农村牧区展开"三下乡"之旅

根据我系建筑专业职业技能特点，通过对文化建筑物的现场测量与绘制，引领大学生用实际行动切实践行习近平新时代中国特色社会主义新思想，让大学生通过"三下乡"实践活动传承革命历史红色基因，担当起边疆民族团结的重任。

建筑工程系虽然学生少、教师少，但我们从不缺席每年的实践活动，一直认真做好实践工作。我们经过三年的不断努力，已经形成了以"手绘城乡风貌，追溯红色记忆"为主题的"三下乡"社会实践活动，前后共有5名带队教师与150多名志愿者参与活动，总共组织了19支"三下乡"团队，这些团队深入农村牧区、城镇社区、贫困地区以及红色教育基地，走访了6个城市及乡村，参观了10处红色教育基地，慰问了1处国家级贫困县，手绘测量作品20多幅，慰问建档立卡的贫困户且深入每家每户了解民情，同时调研扶贫搬迁集中安置等国家关注的问题。

（一）手绘城乡风貌

我系连续三年以"千山万水体民情，一量一绘系古今"为主题，结合我系测绘技能特点，对当地文化建筑进行测量绘画，用自己的画笔去描绘文化建筑和风土人情。我系教师和学生干部查阅了大量资料，准备了测量工具和绘画材料，分别画出了扎兰屯市、阿荣旗、满洲里等地的历史文化建筑，其中，有博物馆、抗联英雄纪念园、满洲里国门、界碑和满洲里红色展览馆。我们用画笔记录下这几座小城的历史变迁和现在的发展状况，同时我们用专业的测量设备对霍尔奇镇知木伦村的10座全

覆盖的房子进行了现场测量测绘，志愿者利用所学的知识，用CAD绘制当地乡村公路地图和房屋建筑，以给村民带来更便利的生活。志愿者们通过建筑测量和速写的形式来感受和领悟建筑美。

（二）追溯红色记忆

为了引导广大青年学子勤学、修德、明辨、笃实、践行社会主义核心价值观，这三年我系"三下乡"队伍分别参观了扎兰屯火车站旧址、中东铁路博物馆、抗联英雄纪念园、王杰纪念馆、满洲里红色展览馆和中共六大展览馆等多处革命文化建筑旧址。同时，我们对吊桥公园爱国主义教育基地进行了红色学习走访调研，切实感受到革命的艰辛和伟大，感悟到我们要传承革命历史红色基因，担当起促进边疆民族团结的重任。用我们自己的实际行动，充分发挥青年团员先锋模范作用，带领更多的青年团员以更加饱满的精神投入未来的学习和工作中。

（三）慰问贫困家庭

2020年是脱贫攻坚关键年、决胜年、收官年，我系志愿者来到霍尔奇镇知木伦村，这个村子是国家级贫困村，是阿荣旗深处的一个村子，村子四面环山，只有一条破旧的公路与外面相连，村子里很多住户是贫困户。志愿者们带着扶贫物资和测量工具来到这个静谧又祥和的村子。志愿者们与贫困户亲切互动，以拉家常的方式详细了解他们的生活来源，细致询问他们的生活情况，耐心倾听他们对精准帮扶工作的意见和建议，并给他们送去慰问品，帮助农民做一些力所能及的农活，使村民们深切感受到了我系志愿者们的关怀和温暖。

经过志愿者们的调研，我们发现，通过国家的扶贫帮扶等政策，霍尔奇镇知木伦村住宿条件已经好了起来，家家户户的生活也有了明显的改善，并且每家贫困户的墙上都贴有扶贫工作人员相关联系方式和脱贫攻坚工作明白卡。通过实实在在的住房等基层建设，老百姓得到了很大的实惠。

我系开展的"三下乡"社会实践，在走访慰问活动中，得到当地居民的高度评价和赞扬。在给困难群众带来物质关怀和精神慰藉的过程中，志愿者们明确了自己的定位，明白了自己肩上的使命，同时也认识到自己是未来社会的建设者，应该积极走出象牙塔，到社会中去，了解国情，服务社会。

在每次实践活动中，我系志愿者们都用心用情用力做好帮扶工作，志愿者们通过点滴的行动为社会奉献力量和爱心。每次实践活动，都是他们学习生活的新开始、新起点、新方向。2020年我们满载而归，未来我们将乘风破浪。

第七章
高职院校第二课堂文化育人研究

高职院校是文化传承的重要领地，文化是高职院校的积淀，高职院校自其成功建校之时，便具有文化使命。十八大以来，习近平总书记多次在讲话中提到"以文化人"，强调文化育人的重要性。2016年，习近平总书记在全国高校思想政治工作会议上强调，高校立身之本在于立德树人，要把立德树人作为中心环节，把思想政治工作贯穿教育教学全过程，要更加注重以文化人、以文育人。

第一节 第二课堂在文化育人中的作用

文化是大学的灵魂，育人是高校的基础性工作，是办学治校的根本任务。文化育人作为高校思想政治教育的重要手段，其所追求的目标与学校人才培养、与思想政治教育总体目标保持一致。加强以育人为核心的高校文化建设是办好中国特色社会主义大学的迫切需要，是落实立德树人根本任务的重要途径。

一、文化育人在高职院校中的意义

（一）文化育人是落实立德树人任务的根本途径

党的十九大明确提出，落实立德树人是当前高等教育的根本任务。高校校园文化是实现立德树人的重要载体，是高校人才培养中的重要因素，它能够进入大学生的日常生活，体现思想政治教育的人文性与亲和力，实现育人的生活化。新时代高校思想政治工作的创新发展，离不开对"十大育人"体系的积极构建，文化育人更是其中重要一环。文化的核心是价值观，高校校园文化能够以先进文化的内在规定性，引导大学生形成坚定正确的政治态度与政治立场，培养大学生科学的世界观与人生观。树立共产主义远大理想，是高校校园文化最深层的育人力量，也是高校校园文化育人的最高追求。作为中国特色社会主义先进文化的组成部分，高校校园文化要坚持以先进的文化育人，承担以先进文化所包含的价值体系去引导大学生价值观念形成的职责。所以，高校必须紧扣时代脉搏，把握时代内涵，从中华优秀传统文化、革命文化和社会主义先进文化中汲取营养，加强高校校园文化建设，在全校范围内弘扬最能够体现时代内涵与育人本质的价值观念，用中国特色社会主义文化塑造人、鼓舞人、引领人、培养人。

（二）文化育人是实现文化传承创新的基本手段

中国特色社会主义文化能够为高校校园文化育人提供丰厚的文化沃土，高校能够通过开展以中华优秀传统文化、革命文化和社会主义先进文化为底蕴的主题文化活动，将广大师生引导到高校校园文化追求的价值取向上来。高校校园文化育人的过程也是推动文化传承与创新的过程。一方面，社会主义先进文化规定着高校校园文化的发展方向，是高校校园文化育人的重要文化资源；另一方面，高校校园文化是学术发展的重要阵地，能够以科学理论创新来丰富社会文化内容，推动社会文化前进。高校要把社会主义核心价值观融入教育教学全过程，不仅要掌握前人积累的优秀文化成果，更要扬弃旧义，追求创新，创立新知，培养大学生积极向上的人文精神、求真务实的科学精神和开拓进取的创新精神，使高校校园文化成为大学生成长成才的精神动力，从而不断推进社会主义先进文化建设。

(三) 文化育人是实现文化自信的重要抓手

中国特色社会主义文化规定着高校校园文化的发展方向，培养大学生对中国特色社会主义的文化自觉与文化自信，是高校校园文化育人的价值目标之一。培养大学生的文化自觉就是要让大学生对自身文化有一定的了解，能够清楚自身文化的形成、发展与特色等。培养大学生文化自信，是指在引导大学生对自身文化了解的基础上，使其产生对自己文化的认同与信心。新时代，高校是传播中国特色社会主义文化的主战场，同时也是发挥中国特色社会主义文化育人功能的主阵地，应充分利用文化育人的优势，引导青年学子崇尚并传承中华优秀传统文化、革命文化和社会主义先进文化，坚定中国特色社会主义理想信念，不断增强"四个自信"，争做中国特色社会主义事业的建设者和接班人。

(四) 文化育人是促进大学生全面发展的重要载体

文化育人是要把大学生培养成为德才兼备、全面发展的人才。强调立德为先，树人为本，除了立德，还要着力树人，促进大学生全面发展。高校在重视对大学生进行学科知识教育的同时，还要通过各种丰富多彩的校园文化活动传播人文知识、培养人文情怀、渗透人文精神，提升大学生的人文素养，使大学生成为德才兼备、身心健康、有社会责任担当、有艺术鉴赏力、富于创新精神的德智体美劳全面发展的社会主义建设者和接班人。所以，高校校园文化育人要在追求科学的真理性与个人发展的人文性上达到平衡，使科学精神与人文精神在育人上实现优势互补。唯有这样，高校才能更好地发挥校园文化的育人功能，促进大学生综合素质提升，使大学生成为对国家、对社会有用的人才。

二、以"第二课堂成绩单"制度建设为切入口，发挥校园文化的育人功能

在立德树人视域下，高校文化育人要坚持以生为本，立足大学生成长发展需求，关注大学生的利益关切和价值追求，找准与大学生全面成长成才需求的交汇点。第二课堂是培养综合素质和能力的重要载体，是落实立德树人极为关键的实践教育环节，它对大学生的全面成长成才起着非常重要的作用。以高校第二课堂作为文化育人的关键点和突破点，以校园文化活动的形式在校内广泛开展各类文体素质拓展活动，有利于大学生综合素质的培养和职业素养的提升；有利于传播人文科学精神、提升文化自信；有利于健全大学生人格，培养大学生社会适应能力。

第二节 校园文化类第二课堂建设路径

作为思想政治教育的一种手段，文化育人要以社会主义先进文化育人，始终坚持以马克思主义为指导；要紧密结合大学生成长成才和教育工作的实际，尊重学生发展与教育规律；要整合校内外各种教育资源，凝聚校内外各种教育力量，搭建文化育人平台，实现育人合力。

一、校园文化建设的基本原则

高校校园文化育人说到底是高等教育整个人才培养体系中

的一部分，必须遵循高等教育的办学原则。习总书记在高校思想政治工作会上指出，高等教育要坚持社会主义办学方向，坚持党的领导。因此，党和国家的政策方针决定着高校校园文化育人功能发挥的整体方向。总书记在全国高校思想政治工作会议上强调，"高校思想政治工作关系高校培养什么样的人、如何培养人以及为谁培养人这个根本问题"。从思想政治教育的角度去分析，新时代高校校园文化育人功能发挥主要涉及"以什么文化育人""育什么样的人""怎样育人"这三个核心问题，对这三个问题的论述展现了高校校园文化育人功能发挥的时代要求。

（一）坚持以先进文化育人

高校校园文化育人的首要前提是以先进文化育人，这是由高校校园文化自身性质、社会文化发展需要、国家人才培养目标共同决定的。时代不断前进，文化也在不断创新发展，只有坚持以先进文化育人，才能不断丰富高校校园文化育人功能发挥的理论与时代内涵，强化育人效果。

（二）遵循文化育人规律

习近平总书记在全国高校思想政治工作会议上强调，做好高校思想政治工作要遵循三个规律，即思想政治工作规律、教书育人规律和学生成长规律。这一要求表明：做好高校思想政治工作不能单一地从具体工作实践入手，而是需要综合考虑各方面的因素，既要从工作本身的规律探寻着手，也要在关照教师和学生互动关系中探寻规律。对规律的把握和运用，同样也是高校校园文化育人功能发挥的要求和保障。高校校园文化育人功能发挥作为一个从属于高校思想政治教育工作的教育实践过程，应该注重对大学生思想品德养成规律以及教育规律的把握。在高校校园文化育人过程中，教育者要正确认识校园文化育人规律，了解校园文化育人的特征，通过完善高校校园文化的育人方法来推进高校校园文化育人功能的发挥。

（三）培养时代新人

高校校园文化育人功能发挥要有明确的育人目标，这是依据共同目标协调各要素进行内部组合，更好地发挥育人功能的基本要求。在全国教育大会上，习总书记指出，"培养什么人，是教育的首要问题。我国是中国共产党领导的社会主义国家，这就决定了我们的教育必须把培养社会主义建设者和接班人作为根本任务，培养一代又一代拥护中国共产党领导和我国社会主义制度、立志为中国特色社会主义奋斗终身的有用人才"。为中国特色社会主义事业培养人才是教育工作的根本任务，也是高校校园文化育人功能发挥的时代使命。

二、高职院校第二课堂校园文化活动平台搭建

（一）坚持全局思维，提高政治站位，创立校园文化活动品牌

高职院校要坚持高位谋划，统筹推进，把中华优秀传统文化、革命文化和社会主义先进文化有效融入"第二课堂"文化育人活动中，融入学校教育教学的全过程，有组织、有计划地设计开展各类弘扬中华优秀传统文化的校园文化活动，推动中华优秀传统文化、革命文化和社会主义先进文化走进"第二课堂"。高职院校一方面要发挥自身优势，传承中华优秀传统文化，开展民族团结进步教育，开展传统美德教育、经典诵读活动；另一方面要深化改革，开展党史、新中国史、改革开放史、社会主义发展史教育，引导高职院校大学生按照学校秩序和校

园文化建设的要求参加校园文化活动，增进对中华优秀传统文化的认知，使其感受到中华优秀传统文化的价值，从而增强文化自信。在开展活动过程中，高职院校要结合学校特点，形成特有的活动品牌。

此外，高职院校要坚持全局思维、系统思维、改革创新，紧密围绕时代主题和社会主义核心价值观，以"第二课堂"文化活动为载体，强化高职院校大学生的主体地位。高职院校要对校园文化进行调研，要收集大学生对于第二课堂校园文化活动建设的意见和想法，在大学生实际需求的基础上创建具有校园特色的文化活动。

（二）坚持改革创新，推进"第二课堂"四级联动模式，搭建校园文化育人平台

校园文化活动是校园文化育人的重要载体和有效渠道，也是激发大学生责任担当、铸牢中华民族共同体意识的隐形课堂，随着大学生需求的日益多样化，高职院校应该大胆探索、开拓创新，按照需求分层分类指导校园文化活动，精准精细做好组织策划，做好校园文化活动品牌化建设，切实发挥校园文化的"以文化人"作用。首先要在思想上解决对校园文化活动的重要性和必要性的认识，解决校园文化活动建设的作用定位问题，其次要对校园文化活动分级、分类、分层、分学科领导，使活动受众更加广泛；最后要整合资源，挖掘、打造具有学科专业特色的品牌活动，打造校园文化特色品牌。

1. 大型活动校级化、精品化，推进"第二课堂"文化活动品牌化建设

校园文化建设是公共艺术教育的重要组成部分，也是实施大学生素质教育的重要途径。加强校园文化建设，要求高职院校依托大学生素质拓展，科学合理设计校园特色文化活动，开展学校主导、全校参与的大型活动。一方面，坚持以学校为主导，在立德树人视域下办好大学生艺术展演活动和高雅艺术进校园活动，定期举办校园文化艺术节、学生社团文化节，搭设健康、高雅、积极向上的校园文化平台，营造积极向上的校园文化氛围，提升大学生的艺术修养和人文素养；另一方面，不断强化精品意识，整合资源，丰富品牌内涵，减少活动的重复性，围绕中华优秀传统文化、革命文化、社会主义先进文化开展主题鲜明、大学生广泛参与的文化活动，做精品牌的同时加强文化自信教育，拓展第二课堂校园文化活动建设平台，提升校园文化活动品味，逐步实现大型校园活动校级化、精品化。

2. 中型活动院系化、特色化，扩大"第二课堂"活动的影响力

对于各二级学院、系、部，应结合各自的专业特点开展各种活动，在活动过程中，让大学生把所学的专业知识运用其中。通过专业特色类"第二课堂"活动使大学生更加了解自己的专业，使活动成为专业教育的辅助手段，经过科学的设计，激发本专业大学生广泛参与的热情，形成良好的专业氛围，打造具有学科专业特色的品牌活动。学校可以依据专业特色和大学生需求着力整合资源，在每个二级学院、系、部重点选择一个专业特点突出、参与面广的品牌活动纳入全校统一开展，打造"一院系一品牌"特色化第二课堂活动品牌，扩大第二课堂校园文化活动的影响力，促进校园文化繁荣，逐步向"一学院一特色"的第二课堂校园文化活动建设方式迈进，实现中型活动系级化、特色化。

3. 社团活动多元化、常态化，提升"第二课堂"文化活动的吸引力

以高校党委统一领导下的高校学生社团为依托丰富校园文化活动，是加强文化活动平台建设的有效途径。社团活动可以

极大地促进大学生自身情感、行为的发展，并通过自身素质的提升来帮助思维和智慧的发展，极大地发挥大学生自身的创新意识。社团活动的活动内容和活动形式愈加丰富，愈有利于大学生创造能力的培养。但是，社团文化活动不能成为纯"娱乐化"的产物，而是应该坚持内涵的丰富性与形式的多样化并重，应在高校党委的指导和团委的管理下多措并举，繁荣社团活动，为大学生个性发展搭建平台。第一，高校要加强对社团的管理，建立社团管理制度，督促社团完善内部组织构架，培养社团骨干力量，并加强对社团的监督和考核；第二，高校要加强对社团活动的有利指导，高校应组织教师积极担任社团指导教师，并明确教师职责，为学生社团活动的开展保驾护航；第三，高校要为社团活动的开展提供经费场地支持，把社团活动经费纳入财务预算计划，为社团活动的开展提供物质保证；第四，高校要深入挖掘学校以及院系的文化资源，打造凝结着学校育人理念、学院学科特色的精品社团文化活动，并通过举办社团文化艺术节、优秀社团活动展演展示等，繁荣社团活动，彰显大学生个性，提升"第二课堂"活动的吸引力，推进社团活动多元化、常态化。

4. 日常活动支部化、规范化，实现"第二课堂"活动的全覆盖。

团支部是组织青年团员积极参与校园文化活动、提升大学生综合素质的基层组织，以团支部为单位组织开展日常"第二课堂"活动门槛低且普及度高，不仅可以帮助缺少特长的大学生获得"第二课堂成绩单"积分，还可以破解基层团组织活力不足的难题。各团支部要从班级成员、民族构成、性别比例、成长需求出发，围绕时代主题和团支部实际开展理论学习、素质拓展、经典传唱、知识竞赛、校内志愿服务等日常"第二课堂"活动，如"一支部一首红歌""一人一本名著分享""棋类活动初选赛"等，拓展青年团员的综合素质，提升团支部的凝聚力与活力，力争实现"第二课堂"活动全覆盖，为每位大学生提供参与"第二课堂"文化活动的平台和空间。此外，还要制定团支部主题团日活动实施细则，成立各二级学院、系、部"第二课堂"活动指导部门，在学校的统一领导下规范日常"第二课堂"活动，实现日常活动支部化、规范化。

（三）高职院校第二课堂校园网络育人平台搭建

习近平总书记在2016年全国高校思想政治工作会议上指出，"互联网突破了课堂、高校、求知的传统边界，对学生的影响越来越大。从一定意义上谁赢得了互联网，谁就赢得了青年。""要运用新媒体新技术使工作活起来，推动思想政治工作传统优势同信息技术高度融合，增强时代感和吸引力。"2017年，教育部发布《高校思想政治工作质量提升工程实施纲要》，将网络育人作为"十大育人"体系的重要内容，要求创新推动网络育人，对高校开展网络育人提出了更高的要求。新时代，坚持党对高校意识形态的领导权，建好用好管好校园网络媒体，发挥网络育人作用，推进网络校园文化健康有序发展，营造风清气正的网络环境，是高校加强校园文化建设的必然要求。

高职院校应该把握时代脉搏，聚合育人资源，积极探索"互联网+文化"的全员、全方位、全过程网络育人，推进"融媒体+思政"平台建设。

1. 注重积累，多平台融合发展，用扎实的阵地建设实现校园网络文化的育人功能

校园网络文化丰富了高校师生的学习生活，许多高校开始重视校园文化产品的开发，打造属于自己的文化品牌，以满足广大师生的文化需求，发挥文化育人的功能。在平台建设中，要以占领和开拓网络文化建设阵地为主要任务，注重积累，融

合发展，充分开发网络资源，将教育、管理、服务等功能进行融合。首先，要注重学校主页、二级网站的思想内涵提升和知识信息扩充，增强其吸引力和感染力，打造一批具有时代特色、大学精神、品位高雅的网站；其次，要高度重视新媒体平台的建设和发展，整合校内各级各类微博、微信、抖音等新媒体资源，实现校内新媒体平台资源共享，信息互通，重点建设"两微一端"，充分意识到新媒体平台的重要性，将团学思想深入大学生生活学习中，占领大学生意识形态主阵地；再次，构建网站、微信、微博、视频、广播等平台融合发展的工作体系，加强对校园二级单位各类媒体平台的管理监督，坚持传统媒体和新媒体优势互补，充分发挥各类媒体传播特色，推动多种媒体融合发展，全景式展现学校办学特色和成就。此外，高校新媒体应掌握网络文化育人的主动权，针对当前大学生普遍存在的困惑和问题，应主动发声，组织专家、学者主动参与讨论、发表言论，引导大学生与党中央保持高度一致。

2. 提升品质，打造网络文化精品，用卓越的内容建设实现校园网络文化的育人功能

校园网络文化内容建设要坚持内容为王，创新取胜，充分发挥网络文化作品在宣传真理、传播文化、弘扬正气等方面的作用，提升网络文化作品的思想教育价值。一是要聚焦思政热点、抓住关键节点创作网络文化产品，坚持社会主义先进文化的发展方向，从大学生关心的社会热点问题、学校新闻、校园生活等角度切入，把握契机，抓住开学季、招生季、毕业季、特殊事件等关键时间节点，鼓励原创，打造优秀原创网络文化产品。二是整合资源打造校园融媒体品牌栏目，有效整合优质教育资源和文化资源，将思想政治素质、人文素质、科学素质和艺术素质的培育融入网络文化产品的制作中，制作网络文章、微电影、微视频等多种表现形式的网络文化产品，重点打造校

园时政、思政、校园文化、权益服务等品牌专栏，发布主题鲜明、思想深刻、生动活泼的网络文化作品，打造校团委网站"青年之声"，设立团情动态、校园资讯、校园视频等常规板块及最佳团日、暑期实践等专题板块，深入推进网络文化作品创作生产，加强常态化、长效化思想引领，积极弘扬主旋律、传播正能量。三是弘扬中华优秀传统文化，高职院校可以通过网络育人推进中华优秀传统文化教育，制作推广体现中华优秀文化精髓的网络文学、动漫作品、微电影、短视频等，推动中华民族共同体意识入脑入心入行。

3. 协同配合，发动全员育人，用过硬的队伍建设实现校园网络文化的育人功能

高校网络育人工作队伍建设是实现高校网络育人目标的保障。高校要充分发挥学校人力资源的优势，整合学校资源，提高资源利用率，构建全员育人的"大思政"工作格局，增强高校网络育人工作的实效性。首先，要建立一支政治强、业务精、作风硬的网络工作队伍，推动网络育人工作的发展，高校要形成一支分层负责、分工明确、协同配合、反应迅速的网络管理队伍。学校主要领导总负责，各单位主要领导负直接责任。网络硬件的配置与维护由网络中心负责，网络文化由党委宣传部、校团委负责。选拔相关职能部门、专家、教师、职员、大学生骨干等人员组成一支优秀的网络文化管理队伍，并通过培训提高他们的法治意识、政治意识、责任意识和网络管理工作技能，形成统筹谋划、系统设计、整体推进的良好格局。此外，要对网络育人管理运行进行制度化、规范化建设，制定网络育人工作制度、培训制度、考核制度以及奖惩机制，建立多层次、全方位、全员性育人的工作责任制度，促进全校各单位、各部门、各种资源的有机配合与协调运转，为形成全方位、全过程、全员育人的工作局面提供保障。

第三节　呼伦贝尔职业技术学院关于社团建设的几点思考

一、高职院校大学生社团的功能定位

大学生社团的内涵和特点，决定其在提升大学生自身素质、丰富校园文化、促进大学生就业等方面起着关键作用。高校大学生社团最本质的功能是培养社会主义建设者和接班人，这与高校大学生社团建设目标具有内在的一致性。高校大学生社团为大学生参加社会实践活动、提升自身能力提供了平台支持，为大学生成才成长创造了有利条件，为大学生顺利成长为社会主义建设者和接班人打下了基础，因而，大学生社团的本质功能是大学生社团发展目标的具体和深化。具体来讲，高等学校大学生社团的功能主要包括以下几个方面。

（一）第一课堂的有效延伸

大学生社团是高校第二课堂的重要组成部分，是大学生运用所学、检验所学、补充所学的重要舞台，是第一课堂的自然延伸和必要补充。大学生在大学阶段的求知欲望空前强烈，学校课堂教学显然已经无法满足大学生进一步提升素质能力的要求。高职院校大学生社团活动的开展，恰好可以弥补第一课堂教学的不足，延展大学生接受实践教育的"领地"。社团活动不仅有助于培养大学生的个人兴趣爱好，而且有助于促进大学生专业知识的吸收与巩固，进一步提升大学生结合理论与实践的能力。

大学生社团培养和提高了大学生的实践能力。课堂教学较

为重视理论知识的传授,而大学生社团则更加重视大学生实践应用能力的培养。大学生将在课堂上学到的知识应用于所参与的实际活动中,能够做到学以致用。理论与实践相辅相成,一方面理论指导实践,大学生参加社会实践活动,在专业理论的指导下开展活动更为科学有效。另一方面,大学生参加社团实践活动,能够培养兴趣、增长见识、拓宽视野、提升素质,这既巩固了理论知识的学习,又促进了实操能力的培养。在具体的社团活动中,大学生的团队精神、组织协调能力、社会交际能力和应变能力得到进一步强化,为大学生进入社会做好充分准备。

(二)培养大学生综合素质的重要平台

高职院校大学生社团在高校校园文化建设中的重要作用,决定了其对大学生的成才成长有着重要影响。高职院校大学生社团有助于培养和提升大学生的实践能力、创新能力、道德修养和民主意识,能够促进大学生人格的完善和综合素养的提升。

大学生社团活动是以大学生为主体的亲历性、实践性、体验性活动,作为一种自发组成的社交群体,大学生社团对于大学生的社会化技能培养和综合素质的提升具有不可估量的作用。就培养大学生自身能力而言,社团组织是一个绝佳的隐性课堂,在这个课堂中,每个人既是教育者,又是受教育者,既能为团队贡献自己的智力和执行力,也可以学到不同层面的个体技能。社团成员之间的互相激发可以提供不同的思考模式、创新性思路和问题解决办法。在此过程中,社团成员都受到了潜移默化的影响。就培养大学生团队协作能力而言,高职院校大学生社团为大学生提供了人际交往的平台,参与社团活动有助于培养大学生的共享意识和责任意识。在团队学习过程中,社团成员一起制订工作计划、理解工作任务或判断所要解决的问题,并且团队成员之间有可靠、清晰、中肯的沟通和交流，这对于提升社团成员的人际交往能力有很大的帮助。就培养大学生组织能力而言，在社团组织中，大学生既是组织活动的参与者，又是自身行为的管理者，他们在这个组织里进行各种活动，在活动中学习如何维护组织运转、如何组织重大活动、如何预判活动效果、如何统筹协调各种资源等。为了组织的生存与发展，大学生必须充分发挥主观能动性，争取资金、场地、关注度等各种资源。因此，相比于传统的团学骨干，学生社团负责人面临的生存压力、协调难度更大，也更具挑战性。但也正是这种相对艰难和复杂的工作环境，使大学生社团往往能够培育出具有超凡魅力、超强能力、超高人气的大学生领袖型人物。所以大学生社团无疑对培育和提升大学生的综合素质具有重要作用。

（三）大学生思想政治教育的有效途径

"学生社团是新形势下有效凝聚学生、开展思想政治教育的重要组织方式，是学校和学生之间的桥梁纽带，是以班级为主开展大学生思想政治教育的重要补充。"思想政治教育要想取得实效，需要不断创新教育形式，运用大学生喜闻乐见且易于接受的方式开展工作，而大学生社团便为高校思想政治教育提供了新载体、新渠道。与党团等正式组织相比，高校思想政治理论类社团开展理想信念教育的活动内容趣味性更强，活动形式更为多样，对大学生的吸引力也更强，这有利于理想信念教育；文化类社团在弘扬地域文化、突出地区特色等方面作用显著；社会实践类社团通过大量的社会调查、扶贫、支教等活动培养了大学生的奉献精神，有利于开展爱国主义教育，有利于弘扬和培育民族精神；公益类社团使大学生将道德理论应用到具体的道德实践中，实现道德理论与道德实践相结合、道德认知与道德行为相统一，有利于促进公民道德教育。可见，大学生社团可以使大学生树立正确的世界观、人生观和价值观。

（四）建设和谐校园的重要力量

大学生社团在培育健康向上的校园文化、构建和谐稳定的校园秩序方面发挥着重要价值。大学生社团是高校校园文化建设的主力军，也是高校校园文化活动的组织载体。大学生社团对校园文化的塑造，是通过多种形式完成的，如社团的组织形式、社团的组织文化、社团活动开展效果等，这些都对高校校园文化产生着潜移默化的影响，大学生的思维和行为方式、社会价值观念等也深受社团影响。因此，积极向上的社团活动不仅能够繁荣校园文化，而且有助于陶冶社团成员情操，对社团成员自身的心理素质、道德品质、文明行为的提升与改善具有重要意义。

此外，增强大学生凝聚力是构建和谐校园的重要条件，而大学生社团活动是提升大学生凝聚力的重要途径。共同的爱好和追求是凝聚力产生的基础。社团成员加入社团全靠自愿，他们目标一致，拥有相同的志向和追求，因此，社团成员参与社团活动的热情较高，具有较强的自觉性和主动性，社团组织在开展活动时往往具有较高的凝聚力，这对于构建较高凝聚力和较高认同度的校园文化具有辐射作用。

二、高职院校大学生社团建设存在的问题

（一）缺乏顶层设计与长远规划

从社团发展的现实状况与业界的普遍认同来看，社团是由大学生自发成立的，其校方意志在建社之初并不明显。虽然高职院校大学生社团作为第二课堂在立德树人方面发挥了积极作

用，但是由于各种主客观原因的限制，大多数高职院校对大学生社团的发展缺乏长远的规划和顶层设计。一是对社团的重视程度不够，社团本身就具有一定的自发性和松散性，也不在学校的管理层面当中，缺少专门机构负责管理社团组织，同时学校的重视程度不够，使社团缺少相应的政策支持和制度约束，因而对社团的健康有序发展造成了极大的影响。二是大学生社团的定位不明确，学校层面对大学生社团的指导力度不够，缺乏专业教师的指导，很多好想法和策划也很难得到学校的协助支持和专业角度的指导帮助，因而社团发展动力不足。三是社团发展及项目活动开展的保障机制不健全，一些社团活动经费缺乏，场地不足，无力开展项目活动；四是社团活动的开展缺乏规划，活动流于形式，社团活动辐射面狭窄。尤其是院系一级的社团，多数是依托某一具体院系发展，社团干部和活动参与者几乎来自同一学院，这在一定程度上使社团失去了应有的全校覆盖性。这些影响最终导致社团活动管理不完备、活动质量一般，使社团在文化育人中无法发挥足够的积极性和主动性。

(二) 缺乏组织管理规划

很多大学生社团组织管理机制与机构不健全，欠缺对社团内部的建设与规划，有的社团即使有管理制度，制度内容也不严格或不民主，因此导致后期社团活动没有中心思想，活动内容空洞，活动缺乏实际创新，同质化问题十分严重，进而无法对师生形成吸引力，大学生参加社团活动的踊跃性降低，这影响社团的发展壮大以及社团活动的举行，还会导致社团内部缺乏凝聚力。社团的自发性导致进出社团都比较自由，社团缺乏规范的管理使社团组织松散，使社团活动持续性较差，使社团内部丧失凝聚力。

(三) 社团成员缺乏使命感

当前各高校相关院系均制定了严格的加减分制度，对大学生实施量化管理与考核，这在某种程度上导致高职院校大学生参与社团活动的动机产生了异化。不可否认，大多数大学生参加大学生社团是出于兴趣爱好、学习知识、提高技能等目的，但也有一部分大学生参加社团活动主要是为了综合测评、评奖评优等加分，他们在社团选择上并未从自己的爱好或真正适合自己的角度出发，表现出一定的盲目性、从众性和功利性。还有一些大学生抱着玩乐的目的进入社团，对社团的性质、宗旨和主要活动缺乏了解，对自己的兴趣爱好、特长与社团的要求是否相符亦缺乏明确认知。进入社团后，这些大学生对社团活动的开展不满意、不积极，甚至在短期内就退出社团，导致社团新老成员的更替经常出现断层等现象。由于参加社团目的的功利化，以及大学生社团成员素质参差不齐，社团成员缺乏使命感与责任感，进而影响社团活动的开展，更影响社团育人功能的发挥。

(四) 缺少社团骨干

社团的发展状况与社团骨干的素质能力密切相关，社团骨干具备优良的管控能力以及高度的个人魅力，可以保证社团的基本生存与良好发展。不少社团成员缺乏工作激情，认为搞好社团活动是组织者的事情，自己只是一个活动的执行者。有的社团干部个人功利性太强，认为挂一个或多个社团"领导"的标牌，在校期间容易入党，也可以成为自己向同龄人炫耀的资本，将来在简历上可以多加一些内容，以表示自己才能广泛，对日后找工作更有帮助。实际上他们对社团活动敷衍了事，根本谈不上重视社团活动。社团骨干成员低龄化现象严重，多为大学一年级学生，缺乏经验。社团干部更新快，基本上没有时间和精力培养下一任核心成员。核心成员毕业后，社团往往一蹶不振，甚至走向终结。

三、高职院校社团育人的创新路径

（一）坚持党的领导是根本保障

习近平总书记在党的十九大报告中指出："党政军民学，东西南北中，党是领导一切的。"坚持党的领导是中国特色社会主义制度的最大优势，也是我国高职院校大学生社团建设的根本政治保障。作为高校的学生组织形式，大学生社团在满足大学生需求、提升大学生综合能力、改进学校管理方面发挥着积极作用。但是，要实现大学生组织的积极健康发展，必须要始终坚持和加强党对社团的领导，积极贯彻落实党的立德树人教育方针，沿着中国特色社会主义发展方向建设大学生社团。坚持和加强党对高校社团的领导，就是要在积极践行党的教育方针的同时，增强大学生社团对中国共产党、对中国特色社会主义的政治认同、情感认同和思想认同，自觉做到"两个维护"，坚定正确的政治立场，在宣传马克思主义理论的同时，自觉遵守高校相关规章制度，坚持依法、文明开展社团活动，在传播向上向善的正能量的过程中不断壮大自身。

（二）积极推进大学生社团的组织建设

组织建设是高职院校大学生社团建设的基础。构建结构完整、运行高效的社团组织体制机制是大学生社团健康稳步发展的重要保障。加强高职院校社团组织建设，要针对当前社团组织建设出现的社团类别不清晰、自治能力不强、创新意识薄弱等问题，在社团类型、自治能力和创新意识等方面进行优化，从而打造一批社团类别清晰、自治能力和创新意识较强、发展方向明确的高职院校社团组织。一是规范划分大学生社团类型，在建立社团分类指导机制上下功夫，善于对各种社团进行分类、分层、分级，依据社团属性、活动内容等标准将社团分为多种类别，总结和掌握同类社团的运行规律，为开展社团工作提供普适性的方法指导；依据社团组织的规范程度和活动质量，将社团分为不同层次，从而确定对不同层次社团的支持力度；根据社团的规模、政治敏感度、影响力等内容将社团分为不同的级别，以明确对不同级别社团的关注程度。二是提升社团组织自治能力，一方面，坚持多元化思维，提倡高职院校大学生社团"百花齐放、百家争鸣"；另一方面，要坚持"以学生为本"，满足大学生的个性发展需求，不断在新时代环境下提升社团组织的自治能力。

（三）走特色化与品牌化社团建设之路

社团发展计划中要着力突出社团的品牌意识和品牌战略。特色品牌是一个组织的核心竞争力，是保持其长盛不衰的"血液"。品牌能够树立组织的基本价值理念，提升组织的竞争力，赢得公众的信任和支持。特色是社团活动的根基，品牌是特色的具体化，是独具特色的招牌。因而社团不仅要有特色，还应有品牌。要以品牌树立社团，发挥品牌对于社团的凝聚和宣传功能。打造社团知名品牌，不仅可以提升社团自身形象，扩大自身的知名度和影响力，也有助于带动高职院校其他社团活动质量的提升，在高职院校大学生社团中形成一种"比、赶、超"的良好氛围。在社团品牌建设中，要鼓励发展思想性、创新性、实践性强的优秀社团，而对那些缺乏思想性和实践性，且具有负面效应和误导倾向的社团应坚决予以撤销。通过确定社团品牌发展战略和品牌发展计划，形成一种优胜劣汰的社团良性发展机制，推动社团的稳步持续发展。

（四）推广实施社团活动学分制管理模式

大学生社团发展迅速，社团类型丰富，活动多样，参与人数众多。为了适应新形势下大学生社团发展的新需要，全国部分高校开始尝试对大学生社团活动实施学分制管理。推广实施社团活动学分化管理模式，需要在领导体系、课程体系、记录评价体系、数据信息体系、动态管理体系、价值应用体系等方面进一步完善和优化。一是在领导体系方面，要设立团委下属的社团学分化推进机构，专门负责社团活动学分化管理的相关事宜。二是在课程体系方面，要根据大学生社团的不同类别，紧紧围绕"思想政治、文艺体育、公益志愿、创新创业、实践实习、技能特长"等内容设计课程项目，各大学生社团负责课程项目的计划和实施。三是在记录评价体系方面，要对各课程项目的学分设定进行科学规划和论证，社团管理部门要客观如实记录会员的课程得分。四是在数据信息体系方面，建立学分数据信息平台，及时采集、审核、发布会员的数据信息，同时，确保数据信息发布及时，内容准确、全面。五是在动态管理体系方面，建立完善的质量检测评估体系，对学分进行分析评价，确保评价结果的客观性和规范性。六是在价值应用体系方面，要将学分评价结果应用到学校了解大学生成长和优化人才培养上来，这样既可以为大学生评优评先提供参考，也可以作为用人单位选人用人的重要依据，使其成为连接大学生、学校、社会的重要纽带。

第八章
"第二课堂成绩单"制度建设体系

围绕职业教育改革和质量提升，高职院校要切实承担起大学生素质教育的主体责任。在新时代职业教育信息化背景下，作为一项面向全国高校全面推行的大学生素质教育制度设计，高校"第二课堂成绩单"制度回答了如何"培养新时代所需人才"的时代命题，做好"第二课堂成绩单"制度建设，归根结底是要厘清该项制度的生成逻辑和研究现状。在多所高校实践调研基础上，分析该项制度的结构化机理，阐释该项制度所需的课程项目体系、活动管理体系和工作运行体系。

第一节 课程项目体系

建立完善、高效的"第二课堂成绩单"制度体系，首先要构建课程项目体系。根据学校人才培养需求、学科特点制定"第二课堂成绩单"人才培养方案，确定具体课程数量、类型、时间安排，发布到网络平台后，大学生可以根据自身需求和发展方向选择课程，参与活动，查询成长轨迹，做好个人发展规划，从而实现第二课堂活动课程化、体系化、标准化，扭转第二课堂松散、粗放的教育组织模式。

一、课程项目体系概述

第二课堂课程体系的构建可以借鉴第一课堂"学科—专

业—课程"的逻辑，从"平台—方式—活动"三个层级对第二课堂各类活动进行课程化、标准化、体系化的设计。根据大学生成长的需求设置"一级活动平台"，分解"一级活动平台"，形成"二级素质培养方式"，细化"二级素质培养方式"，标准化"三级活动支撑"。

（一）一级活动平台

第二课堂活动的目标是发展大学生学业学习、科学研究、文艺体育、创新创业等方面的兴趣、才能，培养大学生的自主性和创造性，提升大学生的综合素质和实践创新能力。围绕人才培养目标和大学生成长需求，按照项目内容培养方向的不同，可以将第二课堂活动分为七类：思想政治素养类、社会责任担当类、社会实践能力类、创新创业能力类、文体素质拓展类、青年成长履历类、职业技能大赛类，这七类活动构成第二课堂"一级活动平台"。

（二）二级素质培养方式

对"一级活动平台"进行"二级素质培养方式"分解。

思想政治素养类项目主要包含：习近平新时代中国特色社会主义思想专题学习；"四进四信"主题教育；青年马克思主义者培养工程培训班；大学生干部骨干培训班；团支部建设研讨；团支部风采大赛；优秀团员、团干部、志愿者、桃李之星评选等。通过开展思想政治教育活动，加强大学生的理想信念教育，把大学生培养成理想信念坚定的社会主义事业建设者。

社会责任担当类项目主要包含：大学生志愿服务西部计划、学雷锋志愿服务活动、服务国家和省市大型文体赛事活动、校内志愿服务活动等。通过志愿服务，大学生可以切身感受党的政策方针给社会带来的巨大变化，从而激发其正确的价值追求，把自己培养成具有家国情怀的社会主义事业奉献者。

社会实践能力类项目主要包含：校内劳动实践、勤工助学、大学生暑期"三下乡"社会实践、校外社区企业挂职锻炼、社会调研和社会服务、大学生义务支教、专业实习、校企合作和创业培训班等活动。通过社会实践，帮助大学生了解社会、了解基层等基本国情，使大学生在自我教育、自我管理以及自我发展中加强团队意识和沟通能力、提升就业竞争力，把大学生培养成职业素养全面的社会主义事业践行者。

创新创业能力类项目主要包含："挑战杯"大学生课外学术科技作品竞赛、"创青春"大学生创业计划大赛、"互联网+"创新创业大赛、校园模拟招聘会、大学生职业生涯规划大赛、双创交流研讨会等活动，通过创新创业活动，为大学生提供实践、交流和学习的平台，增强大学生科技创新意识，提升大学生科技创新能力，把大学生培养成勇于改革创新的社会主义事业创造者。

文体素质拓展类项目主要包含：开展校外高雅艺术进校园活动；举办迎新晚会、毕业晚会、元旦晚会；举办文化艺术节；举办十佳歌手大赛、曲艺大赛、相声小品大赛；开展社团广场文化周活动；校运会；举办"走下网络、走出宿舍、走向操场"主题体育活动；开展夜跑活动；举办校园杯足球赛、排球赛等。通过文体活动的举办，帮助大学生提高文体意识，丰富校园文化生活，不断促进其身心健康，把大学生培养成文化自信坚定的社会主义事业传承者。

青年成长履历类项目主要包含：学生干部工作经历和学生组织、社团组织任职工作经历。从活动策划、过程实施到总结分享全程参与运行管理，使大学生在参与中提升管理水平、人际交往能力、团队协作能力、领导能力以及综合能力，把大学生培养成具备领导才能的社会主义事业开创者。

职业技能大赛类项目主要包含：考取职业技能证书、参加职业技能大赛。通过参加职业技能大赛和考取职业资格证，将第一课堂的专业知识延伸到第二课堂实践中，以赛代练，深化书本理论、提升专业技能、完善知识结构，把大学生培养成技术过硬的社会主义事业劳动者。

（三）三级活动支撑

通过"三级活动支撑"填充"二级素质培养方式"，构建一个供需平衡的框架体系，实现第二课堂活动全覆盖、体系化，将所有活动纳入第二课堂项目管理体系进行系统化统筹管理。

二、积分学分转换制度

构建第二课堂活动课程项目体系，实现第二课堂活动课程化、标准化、体系化，最主要的形式就是引入"学分制"，对大学生参与第二课堂活动进行量化，以显性、客观的课程学分量化扭转过去隐性、主观的活动评价标准，凸显学分量化的主导作用，发挥"第二课堂成绩单"的考核评价作用。这样既有利于第一课堂教师将教学方法迁移至第二课堂，又有利于其他教育资源进入高校第二课堂，从而使学分体系成为一个"过滤器"，将各类教育资源塑造为规范化、标准化的课程形态。

（一）积分获得模式

灵活积分获得模式主要分为三种：一是"打卡"获得制，参与活动课程通过现场扫码打卡获得积分，如知识竞赛、文体赛事、青年大学习等现场参与的单次活动；二是"申报—审批"获得制，以申报—审批方式计分，如学术科研、学生工作任职、赛绩等级、职业资格证考取等活动；三是"学时折算"获得制，以参与长期活动的时长进行折算，如志愿服务、线上学习等活动。此外，还需依据大学生大学期间课程参与量的不同对学分获得量进行微调。

（二）实现积分和学分的互换

根据学校实际情况在人才培养方案中分配"第二课堂成绩单"学分，专科可以安排四个学期"第二课堂成绩单"课程，本科可以开设六个学期"第二课堂成绩单"课程，并设置最低积分标准。每学期，各二级学院对所有大学生"第二课堂成绩单"积分进行学分转换，达到"第二课堂成绩单"积分最低标准的大学生可以获得成绩并取得学分，完成度越高，成绩越高；未达到的大学生则显示挂科，不能获得积分。

第二节　活动管理体系

"第二课堂成绩单"制度运行需要与之相适应的教育组织模式。在宏观层面上，应形成与第一课堂的学术委员会相契合，由分管学生工作的校领导、教务专家构成的第二课堂指导委员会；形成以学生工作部门、团学骨干为主体的管理执行团队；形成以二级学院为主体的指导团队；形成以团小组、团支部为单位的活动策划、组织、发起部落，以保证第二课堂活动的正常运转。

一、组织管理机构

为了有效管理第二课堂活动项目，学校应成立"第二课堂"建设与评定指导委员会，委员会下设"第二课堂"认定中心，由校团委负责，主要统筹学校第二课堂活动项目的制度设计、计划发布、组织安排、过程控制、指挥协调、考核评价。二级学院相应成立第二课堂指导部门，团支部成立班级"第二课堂"评定小组，负责二级学院、团支部、团小组活动项目的施行。

（一）"第二课堂"项目管理委员会——"第二课堂"建设与评定指导

学校成立项目管理委员会，它是第二课堂活动项目的管理机构和项目审批机构，主要负责制度的顶层设计、制定年度校级活动项目计划和资金预算、项目最终审批等。通过定期召开课程内容设计研讨会、课程质量评估研讨会和课程资源开发研讨会，保障第二课堂指导委员会对"第二课堂成绩单"制度运行的领导。

（二）"第二课堂"认定中心——"第二课堂"活动设计、认证中心

"第二课堂"认定中心设在校团委，是第二课堂活动项目管理的具体实施、协调机构，承担着第二课堂具体课程开发、课程运营及项目评估工作，负责延展第二课堂的功能，负责学校第二课堂活动项目管理制度的宣传、信息的传递和各级活动项目的协调，受理项目申报、评审、运行指导、资金管理、督查评比、总结表彰等。在课程审核阶段，应坚持课程标准统一、"院校两级"把关；在课程发布阶段，做到课程发布及时、内容精炼呈现；在课程推介阶段，为大学生推荐素质短板课程，促进大学生均衡发展；在课程维护阶段，依据大学生的课程评价，剔除反馈不佳的课程；在课程管理阶段，加强规范化管理，提高课程管理运行效率。

（三）"第二课堂"指导部门——"第二课堂"活动管理、指导部门

"第二课堂"指导部门设在各二级学院团委、团总支，负责结合各二级学院的具体情况指导本学院第二课堂开展，制订年度院级和班级活动项目计划、人才培养方案和资金预算，规范化管理本学院的第二课堂课程发布、审核、推介、维护和反馈。

（四）"第二课堂"评定小组——"第二课堂"活动策划、构建组织

"第二课堂"评定小组是团支部成立的"第二课堂"部落，负责各班级的第二课堂活动项目的规划和运行，团支书为班级"第二课堂"项目的负责人，直接负责班级第二课堂活动项目的发起、管理、申报和补录。

（五）"第二课堂"团小组——"第二课堂"活动发起、创建部落

"第二课堂"团小组一般以寝室为单位成立，负责发起读书分享、青年大学习、棋类比赛等普及度高的第二课堂活动，以提升第二课堂活动的覆盖率。

二、第二课堂活动项目分级管理

根据学校实际情况，可对第二课堂活动项目实行分级管理，主要分为四个层级：第一层级为校级活动，第二层级为二级学院活动，第三层级为团支部活动，第四层级为团小组活动。

（一）第一层级：校级活动

校级活动项目主要由校团委组织发起，经费由学校拨付实施，发起单位包括校团委、校学生会、校社团联合会等组织，如校园文化节开闭幕式、国学经典诵读比赛、社团汇报演出等。

（二）第二层级：二级学院活动

二级学院活动项目主要由二级学院团委组织发起，经费由二级学院拨付实施，发起单位包括学院团委、学院学生会等组织，如院团委承办的迎新晚会、读书节、"一院一品"活动等。

（三）第三层级：团支部活动

团支部活动项目主要由班级团支部组织发起，经费由班级自筹与学院拨付相结合的方式实施，发起单位包括班级团支部、班级理论兴趣小组等组织，如班级团支部举办的主题团日活动、班级体育比赛等。

（四）第四层级：团小组活动

团小组活动项目主要由团小组组织发起，经费由班级自筹与学院拨付相结合的方式实施，发起单位是以寝室或社团为单位的团小组，如"青年大学习"网上团课、寝室读书分享会、寝室棋类比赛等。

三、第二课堂活动项目管理流程

（一）校级活动

项目启动—项目宣传—校级部落发起活动—校级管理员审核—项目实施—项目完结给予积分—项目评价反馈。

（二）院系级活动

"第二课堂"指导部门项目申报—"第二课堂"认定中心认证、审批—项目宣传—院系级部落发起活动—院系级管理员审核通过—校级管理员审核通过—项目实施—项目完结给予积分—项目评价反馈。

(三) 团支部、团小组活动

"第二课堂"评定小组申报项目—"第二课堂"指导部门审批—团支部、团小组部落发起活动—院系级管理员审核通过—校级管理员审核通过—项目实施—项目完结给予积分—项目评价反馈。

第三节 工作运行体系

在大数据时代，教育正向着依赖数据支撑的实证科学转变。第二课堂数据库将是高校人才培养总库的重要组成部分，与第一课堂教务系统形成数据对接、课程互动，形成学业预警联动，与高校就业数据库对接，为企业提供用人依据，共同构成开放式数据库，让数据真正成为高校人才培养相关政策制定的有力支撑。在第二课堂数据库不断完善的基础上，还可实现关于第二课堂素质教育培养效果的量化评估，如对大学生课程学分积累、大学生课程选择偏好、课程质量反馈、课程实效性等的测量评估。

一、网络管理系统

"第二课堂成绩单"制度建设的网络管理系统一方面要保障"第二课堂成绩单"制度信息系统的基本运行，另一方面要支撑起第二课堂对大学生素质培养效果测量评估的价值体系。高职院校多选用团中央开发的"到梦空间"管理系统，在系统中，大学生作为参与者，可以完成自主选课、现场签到、课程评价、学分认定；团学干部作为组织者，可以完成发起活动、开放浏览、学生签到、发放积分、课程反馈；管理者可以完成学院初审、学校批复、学校课程管理、学校记录服务。此外,在流程运行过程中,管理者还可以在"审批监控""课程报名""选课签到"及"课后评价"四个关键环节上设置监控和惩戒措施。

二、"第二课堂成绩单"生成与归档

在教育评价实践中,评价结果的运用对于评价对象及评价本身具有反馈和导向作用。《关于在高校实施共青团"第二课堂成绩单"制度的意见》明确提出,要充分发挥第二课堂成绩单的价值,合理运用学生素质能力评价的结果。因此,立足于大学生素质能力发展的多元多样,从"第二课堂成绩单"制度对素质教育贡献度评价的角度出发,形成兼具定性和定量评价、过程性和结果性评价、具备高校行政效力的第二课堂成绩单显得尤为必要。它不仅可用于评价大学生的综合素质,还可为企业用人和高校发展提供依据。

第二课堂成绩单有三种模式可供选择:一是"档案式"成绩单,突出过程性评价,按时间顺序记录大学生参与的课程,并将其存入大学生档案;二是"模块式"成绩单,突出定性和定量评价的结合,对大学生思想学习、志愿服务、社会实践、创新创业等优势模块进行突出展示,可用于大学生学习深造、求职等方面;三是"素质能力式"成绩单,突出评价理论和方法的结合,可参考知名企业人才招聘选拔能力评测表,结合大学生大学期间参与课程的实际情况,对大学生素质能力现状建模,量化大学生素质能力的养成效果,形成大学生素质能力轮廓的"画像",用于对大学生素质能力需求较强的人事部门。同时,将大学生毕业时生成的最终版"第二课堂成绩单"装入档案,为大学生综合素质的鉴定提供依据。

第九章
呼伦贝尔职业技术学院第二课堂制度汇编

第一节 呼伦贝尔职业技术学院"第二课堂成绩单"制度实施办法（试行）

为深入贯彻党的教育方针和党中央关于群团工作的部署，落实立德树人根本任务和《共青团中央改革方案》《高校共青团"第二课堂成绩单"制度试点工作实施办法》《中共中央办公厅国务院办公厅印发〈关于深化教育体制机制改革的意见〉的通知》等文件精神，切实推动呼伦贝尔职业技术学院（以下简称学院）共青团改革工作，促进学生成长成才，全面提升毕业生就业竞争力，更好地发挥第二课堂在学院人才培养中的作用，学院结合实际，制定了《呼伦贝尔职业技术学院"第二课堂成绩单"制度实施办法（试行）》，现印发执行。

第一条 《呼伦贝尔职业技术学院"第二课堂成绩单"制度实施办法》（以下简称《办法》）是学院共青团改革方案的重要组成部分。"第二课堂成绩单"是组织实践教学的重要载体，是对第一课堂理论和实践教学的有机延伸，是与第一课堂共同实施和完成学院培养方案所规定教学任务的重要途径。从2017级学生开始，在校学生必须修满《办法》规定的"第二课堂成绩单"学分方可毕业，第二课堂和第一课堂成绩单一并装入毕业生档案。

第二条 学院成立"第二课堂成绩单"制度实施工作指导委员会（以下简称指导委员会），由分管学生工作的学院领导任主任、学生处、教务处、招生就业处、团委负责人、各系分管学生工作负责人任委员。委员会负责"第二课堂成绩单"制度实施方案的制定、统筹教育教学资源和各协同部门、监督"第二课堂成绩单"制度实施和裁决学生对第二课堂活动结果的申诉。

指导委员会下设"第二课堂成绩单"制度实施工作办公室，挂靠团委。办公室负责"第二课堂成绩单"活动的统筹规划、指导、考评和网络系统管理培训等工作。

各系成立"第二课堂成绩单"制度实施工作组，由各系分管学生工作副主任任组长，学工办主任、团总支书记和辅导员为成员，负责组织各系"第二课堂成绩单"制度实施工作，内容主要为规划各系"第二课堂成绩单"课程项目设置、保障网络系统管理员队伍建设、支持第二课堂活动开展、审核团支部"第二课堂成绩单"认定结果等工作。

第三条 《办法》中涉及的内容主要涵盖思想政治素养、社会责任担当、实践实习能力、创新创业能力、青年成长履历、文体素质拓展和技能培训认证七大模块。

(1) "思想政治素养"模块主要记载学生入党、入团情况，学生参加党校、团校培训经历，参加"诚信教育""助学·筑梦·铸人""大学生文明、环保、绿色行动"大学生心理健康教育月系列主题活动等思想引领类活动经历，以及获得的相关荣誉。

(2) "社会责任担当"模块主要记载学生参与践行社会主义核心价值观、社区服务、公益环保、赛会服务等各类志愿公益活动的经历，以及获得的相关荣誉。

(3) "实践实习能力"模块主要记载学生参与"三下乡"社会实践活动、寒暑假社会实践、就业实习及其他实践活动的经历。

(4) "创新创业能力"模块主要记载学生参与各级各类学术科技活动、创新创业竞赛的经历及获得的相关荣誉，以及发表论文、出版专著、取得专利等情况。

(5) "青年成长履历"模块主要记载学生在院内党团学组

织（含学生社团）的工作任职经历、在校外的社会工作履历，以及获得的相关荣誉。

（6）"文体素质拓展"模块主要记载学生完成体质健康测试，参与文艺、体育、人文素养等各级各类校园文化活动的经历，以及获得的相关荣誉。

（7）"技能培训认证"模块主要记载学生参加各级各类技能培训的经历，以及获得的相关荣誉。

第四条 "第二课堂成绩单"成绩记录使用团中央开发的网络管理系统进行认证管理。

第五条 学生"第二课堂成绩单"成绩采用积分换算学分方式计量。获得第二课堂活动积分10分，可以折算兑换"第二课堂成绩单"1学分。

第六条 在校生在完成第一课堂学习要求的基础上，至少修满三个"第二课堂成绩单"学分方可毕业，学分构成在七大模块中至少涵盖三个模块。

第七条 各年级学生须完成相应"第二课堂成绩单"积分方可参加学年评奖评优、推优入党等。

第八条 第二课堂实践教学学分的认定每学期进行一次。每学期开学两周内，学生填写《呼伦贝尔职业技术学院第二课堂实践教学学分申请表》，提交佐证材料，由各系统一报送至学生处（团委）审核，审核通过后报送教务处，录入教务管理系统。

第九条 "第二课堂成绩单"成绩优秀学生，按照一定比例，分类别授予相应荣誉称号。

第十条 "第二课堂成绩单"制度实施工作中，针对弄虚作假获得学分的学生，经委员会查实认定，取消其相应项目积分；针对违规操作项目的学生组织，经委员会查实认定，取消该组织的活动组织权，追究负责人责任，并根据学生管理相关规定给予处分。

第十一条 本方案由第二课堂实践教学工作指导委员会负

责解释，自发布之日起开始施行。

第二节 呼伦贝尔职业技术学院"第二课堂成绩单"制度积分学分计算办法

一、"第二课堂成绩单"积分学分折算标准

获得第二课堂活动积分10分，可折算兑换"第二课堂成绩单"学分1分。

二、"第二课堂成绩单"积分学分级别标准

（1）国家级活动是指由国务院各部（委）、团中央、教育部各学科委员会主办的全国范围参与的活动以及国家级各社会团体举办的活动。

（2）自治区级活动是指由内蒙古自治区各厅（局）各有关部门等主办的活动以及自治区级各社会团体举办的全区范围参与的活动。

（3）市级主要党政部门等主办的活动以及市级各社会团体举办的活动按校级活动认证。

（4）学生参加活动的级别认定以实际举办单位（表彰单位）所属级别为准；凡带有商业性质的评比竞赛活动，一律不予认证学分。

三、"第二课堂成绩单"积分认定标准

呼伦贝尔职业技术学院"第二课堂成绩单"制度积分认定标准见表1。

呼伦贝尔职业技术学院"第二课堂成绩单"积分认定标准

项目	考核内容以及标准		积分/分	认定方式	备注
思想政治素养	形式政策与报告讲座等思想政治教育类	系统	1	到梦空间发起	
		学院级	2	到梦空间发起	
		自治区级	3	到梦空间发起	
		国家级	4	到梦空间发起	
	青年马克思主义者培养工程等党、团校培训并结业	系统	2	到梦空间发起	学生参加党团培训被评为优秀额外加0.5分
		学院级	3	到梦空间发起	
		自治区级	4	到梦空间发起	
		国家级	5	到梦空间发起	
		系统	1	到梦空间发起	

续表

项目	考核内容以及标准		积分/分	认定方式	备注
思想政治素养	思想政治素养类征文、作品征集、手抄团章等活动（非奖项）	学院级	2	到梦空间发起	1. 此类活动最低级别为系级，班级不可发起此类活动 2. 院系活动通过到梦空间发起，省市级活动学期末认定 3. 系里办初赛，院里办决赛的活动，按院级活动参与，按系选拔奖未获奖者，成功参与赋予积分
		自治区级	3	到梦空间发起	
		国家级	4	到梦空间发起	
		系统	一等奖 5	到梦空间发起	
			二等奖 4	到梦空间发起	
			三等奖 3	到梦空间发起	
			优秀奖 2	到梦空间发起	
			成功参与 1	到梦空间发起	
			观看 0.5	到梦空间发起	
	思想政治素养类知识竞赛	院级	一等奖 6	到梦空间发起	
			二等奖 5	到梦空间发起	
			三等奖 4	到梦空间发起	
			优秀奖 3	到梦空间发起	

续表

项目	考核内容以及标准			积分/分	认定方式	备注
思想政治素养	思想政治素养类知识竞赛	院级	成功参与	2	到梦空间发起	4. 同类竞赛获得各等级荣誉，只记一次，按最高级别赋予积分，比赛依次递增1个积分。荣誉证书由院级以上机构颁发方可认定积分
			观看	0.5	到梦空间发起	
		市级	一等奖	7	学期末认定	
			二等奖	6	学期末认定	
			三等奖	5	学期末认定	
			优秀奖	4	学期末认定	
			成功参与	3	学期末认定	
			观看	0.5	学期末认定	
		自治区级	一等奖	8	学期末认定	
			二等奖	7	学期末认定	
			三等奖	6	学期末认定	
			优秀奖	5	学期末认定	
			成功参与	4	学期末认定	
			观看	0.5	学期末认定	

续表

项目	考核内容以及标准			积分/分	认定方式	备注
思想政治素养	思想政治素养类知识竞赛	国家级	一等奖	9	学期末认定	
			二等奖	8	学期末认定	
			三等奖	7	学期末认定	
			优秀奖	6	学期末认定	
			成功参与	5	学期末认定	
			观看	0.5	学期末认定	
		系级		2	学期末认定	
	优秀团员、优秀共青团干部、桃李之星、优秀志愿者等荣誉	院级		3	学期末认定	此类奖项可以叠加
		市级		4	学期末认定	
		自治区级		6	学期末认定	
		国家级		8	学期末认定	
	班会、团课、团日活动、素质拓展（含青年大学习网上团课）	班级		0.5/次	校内	到梦空间发起
				1/次	校内	到梦空间发起 该项的上限是5积分

续表

项目	考核内容以及标准		积分/分	认定方式	备注
思想政治素养	优秀活动被学院、自治区、国家报道或官方媒体转发	院级	0.5/次	到梦空间发起	如此项活动已在其他类别积分，该项作为奖励积分可累积
		自治区	1/次	到梦空间发起	
		国家	2/次	到梦空间发起	
	升国旗、开学典礼、开幕式等发言	系级	1/次	到梦空间发起	
		院级	2/次	到梦空间发起	
	见义勇为、拾金不昧等先进事迹报道		2	学期末认定	需要校内外官方媒体认可
社会责任担当	志愿公益活动（社区服务、公益环保、赛会服务、支教助残）	班级	0.5	到梦空间发起	志愿者服务满3个小时方可积分，上限为8积分，社团活动和班级活动同一标准
		系级	1	到梦空间发起	
		院级	3	到梦空间发起	
		省市级	4	到梦空间发起	
		国家级	5	到梦空间发起	
	志愿汇注册并打卡满10个小时	注册	1	学期末认定	

续表

项目	考核内容以及标准		积分/分	认定方式	备注
实践实习能力	暑假"三下乡"活动	班级	2	到梦空间发起	如参加多个"三下乡"活动,可累计
		系级	3	到梦空间发起	
		院级	4	到梦空间发起	
		省级	5	到梦空间发起	
		国家级	6	到梦空间发起	
	校外社区、企业锻炼	参加	2	学期末认定	第一课堂专业实习(见习)不计入
创新创业能力	"挑战杯"大学生课外学术科技作品竞赛、"创青春"全国大学生创业大赛、"互联网+"创新创业大赛等科技竞赛	特等奖	6	到梦空间发起	1. 此类活动最低级别为系级,班级不可发起此类活动
		一等奖	5	到梦空间发起	
		二等奖	4	到梦空间发起	
		三等级	3	到梦空间发起	
		优秀奖	2	到梦空间发起	
		成功参与	1	到梦空间发起	

续表

项目	考核内容以及标准			积分/分	认定方式	备注
创新创业能力	"挑战杯"大学生课外学术科技作品竞赛、"创青春"全国大学生创业大赛、互联网+创新创业大赛等科技竞赛	院级	特等奖	7	到梦空间发起	2. 院系活动通过到梦空间发起活动学期末认定 3. 系里办赛的活动,院里办决赛活动发起,参与系选拔赛获奖者,按参赛获奖,未成功参与积分
			一等奖	6	到梦空间发起	
			二等奖	5	到梦空间发起	
			三等奖	4	到梦空间发起	
			优秀奖	3	到梦空间发起	
			成功参与	2	到梦空间发起	
		市级	特等奖	8	学期末认定	
			一等奖	7	学期末认定	
			二等奖	6	学期末认定	
			三等奖	5	学期末认定	
			优秀奖	4	学期末认定	
			成功参与	3	学期末认定	
		自治区级	特等奖	9	学期末认定	
			一等奖	8	学期末认定	
			二等奖	7	学期末认定	

续表

项目	考核内容以及标准			积分/分	认定方式	备注
创新创业能力	"挑战杯"大学生课外学术科技作品竞赛、"创青春"全国大学生创业大赛、"互联网+"创新创业大赛等科技竞赛	自治区级	三等级	6	学期末认定	分主要负责人和参与人两个层次,将所获积分分别乘以1和0.5
			优秀奖	5	学期末认定	
			成功参与	4	学期末认定	
		国家级	特等奖	10	学期末认定	
			一等奖	9	学期末认定	
			二等奖	8	学期末认定	
			三等奖	7	学期末认定	
			优秀奖	6	学期末认定	
			成功参与	5	学期末认定	
	创新创业科研立项	院级		3	学期末认定	
		市级		4	学期末认定	
		自治区级		5	学期末认定	
		国家级		8	学期末认定	

续表

项目	考核内容以及标准		积分/分	认定方式	备注
创新创业能力	自主创业		4	学期末认定	取得营业执照，分主要负责人和参与人两个层次，将所获积分分别乘以1和0.5
	专利发明		10	学期末认定	以证书为准
	学术研究成果	国际、核心期刊	6	学期末认定	以纸质或电子期刊为准
		一般期刊	4	学期末认定	
		会议论文	2	学期末认定	
	参加创业培训	院级	2	认证	以证书为准
		市级	3	认证	
		自治区级	4	认证	
		国家级	5	认证	

续表

项目	考核内容以及标准		积分/分	认定方式	备注
文体素质拓展	文化作品（漫画、视频、手抄报）征集	参与	0.5	到梦空间发起	
		系级	1	到梦空间发起	
		院级	2	到梦空间发起	
		市级	3	到梦空间发起	
		自治区级	4	到梦空间发起	
		国家级	5	到梦空间发起	
	参加文艺演出、体育项目（非竞赛）等	系级	2	到梦空间发起	
		院级	3	到梦空间发起	
		市级	4	到梦空间发起	
		自治区级	5	到梦空间发起	
		国家级	6	到梦空间发起	
	文艺体育赛事	系级 一等奖	3	到梦空间发起	
		系级 二等奖	2.5	到梦空间发起	

续表

项目	考核内容以及标准			积分/分	认定方式	备注
文体素质拓展	文艺体育赛事	系级	三等奖	2	到梦空间发起	1. 此类活动最低级别为系级，班级不可发起此类活动 2. 院系活动通过到梦空间学期末认定 3. 系里办决赛的活动，院级决赛活动发起，参与院级抜赛活动发起，参与抜赛获奖未获奖按成功参与积分 4. 学院运动会比赛获奖、团体操、广场舞，方阵由各系自行发起，举办可以给抜赛学生系设置"参与"积分，展板方阵另加1积分
			优秀奖	1.5	到梦空间发起	
			成功参与	0.5	到梦空间发起	
		院级	一等奖	4	到梦空间发起	
			二等奖	3.5	到梦空间发起	
			三等奖	3	到梦空间发起	
			优秀奖	2.5	到梦空间发起	
			成功参与	2	到梦空间发起	
		市级	一等奖	5	学期末认定	
			二等奖	4.5	学期末认定	
			三等奖	4	学期末认定	
			优秀奖	3.5	学期末认定	
			成功参与	5	学期末认定	

续表

项目	考核内容以及标准			积分/分	认定方式	备注
文体素质拓展	文艺体育赛事	自治区级	一等奖	6	学期末认定	
			二等奖	5.5	学期末认定	
			三等奖	5	学期末认定	
			优秀奖	4.5	学期末认定	
			成功参与	4	学期末认定	
		国家级	一等奖	7	学期末认定	
			二等奖	6.5	学期末认定	
			三等奖	6	学期末认定	
			优秀奖	5.5	学期末认定	
			成功参与	5	到梦空间发起	
	运动会、广场舞、团体操、方阵			3	到梦空间发起	

续表

项目	考核内容以及标准			积分/分	认定方式	备注
青年成长履历	学生干部工作	班级团支部	团支书、班长	2	学期末认定	每学期参加1次，学生参加多个学生组织，可累计，该项活动上限8分
			支部委员、班委	0.5	学期末认定	
		社团	自治区级社团负责人	3	学期末认定	
			自治区级社团成员	2	学期末认定	
			院级社团负责人	2	学期末认定	
			院级社团成员	1	学期末认定	
			系级社团负责人	1	学期末认定	
			系级社团成员	0.5	学期末认定	

续表

项目	考核内容以及标准			积分/分	认定方式	备注
青年成长履历	学生干部工作	系级学生组织	兼职团委副书记、主席	4	学期末认定	
			副主席	3	学期末认定	
			部长	2	学期末认定	
			干事	1	学期末认定	
		院级学生组织	兼职团委副书记、主席	5	学期末认定	
			副主席	4	学期末认定	
			部长	3	学期末认定	
			干事	2	学期末认定	
	职业技能培训及证书	英语三级		2	学期末认定	以证书鉴定结果为准
		计算机等级		2	学期末认定	
		相关职业资格证书		2	学期末认定	

续表

项目	考核内容以及标准			积分/分	认定方式	备注
技能培训认证及大赛	职业技能大赛	系级	一等奖	3.5	到梦空间发起	1. 此类活动最低级别为系级，班级不可发起此类活动 2. 院系活动通过到梦空间发起，省市级活动学期末认定 3. 系里办赛的活动，院里办决赛的发起，按院级活动发起，参与系选拔赛未获奖者，按成功参与积分
			二等奖	3	到梦空间发起	
			三等奖	2.5	到梦空间发起	
			优秀奖	2	到梦空间发起	
			成功参与	1	到梦空间发起	
		院级	一等奖	4.5	到梦空间发起	
			二等奖	4	到梦空间发起	
			三等奖	3.5	到梦空间发起	
			优秀奖	3	到梦空间发起	
			成功参与	2	到梦空间发起	
		市级	一等奖	5.5	学期末认定	
			二等奖	5	学期末认定	
			三等奖	4.5	学期末认定	
			优秀奖	4	学期末认定	
			成功参与	3	学期末认定	

续表

项目	考核内容以及标准			积分/分	认定方式	备注
技能培训认证及大赛	职业技能大赛	自治区级	一等奖	6.5	学期末认定	
			二等奖	6	学期末认定	
			三等奖	5.5	学期末认定	
			优秀奖	5	学期末认定	
			成功参与	4	学期末认定	
		国家级	一等奖	7.5	学期末认定	
			二等奖	7	学期末认定	
			三等奖	6.5	学期末认定	
			优秀奖	6	学期末认定	
			成功参与	5	学期末认定	

第三节　呼伦贝尔职业技术学院"第二课堂成绩单"活动审核标准规范

一、活动标题

（一）第二课堂项目活动标题格式

（1）青年大学习：青年大学习第×季第×期，不用标注系别班级。如青年大学习第八季第一期。

（2）主题团日活动、团课：主题+时间+团日活动/团课。如"青春心向党，建功新时代"3月团日活动或者学习十九届四中全会精神团课。

（3）比赛、文体活动：系别+主题+活动名称。如护理系"落笔生花，医展风采"寻找最美解剖图；建筑工程系第×届××大赛；××参观"不忘初心，牢记使命"展板；商贸旅游系"××"辩论赛。

（4）党团培训：系别+时间+名称。如艺术系第二期青马班培训。

（5）社会实践、志愿服务：系别或班级+主题。如信息工程系"爱我校园"清除小广告志愿服务。

（二）第二课堂班级标题格式

班级要写全称：年级+专业+班级。如2019级护理大专一班（禁止使用1901或大专1班等字样）。同时，禁止一个班级建立多个账号（建立后系统无法删除所占存储空间容量）。

二、活动摘要

此项为必填项目,"第二课堂成绩单"项目活动,要以简明的语言高度概括主要内容,写明时间、地点、活动主题、参加人数、指导教师、活动意义。如2020年3月1日在××教师的指导下,××班级×名团员在主楼××教室开展××主题团课,通过本次团课,系统地学习了××,提升了××。

三、活动详情

"第二课堂成绩单"项目活动内容必须为真实的活动内容,要将活动的流程及主要内容清楚地体现出来。文字及图片内容应积极向上,符合文稿规范,不允许出现反动、低俗、淫秽等负面信息。如果为网上学习活动,可以提供学习后的截图。

四、指导教师

此项为活动的指导教师介绍。

五、活动设置

思想政治素养类知识竞赛、征文评比、"挑战杯"大学生课外学术科技作品竞赛、"创青春"全国大学生创业大赛、"互联网+"创新创业大赛等科技竞赛、文艺体育赛事、职业技能大赛等设置奖项活动。此类活动最低级别为系级,班级不可发起此类活动。院系活动通过到梦空间发起,省市级活动学期末认定。系里单独举办的活动自行发起,系里办初赛、院里办决赛的活动（如"挑战杯"大学生课外学术科技作品竞赛、校园十佳歌手大赛、征文比赛等）按院级活动发起，参加系里初赛未取得奖项的设置"参与"积分，此类活动发布时间以决赛为主，不得提前发布；学院运动会比赛获奖、团体操、广场舞、方阵由各系自行发起，举办选拔赛的系可以给未获奖学生设置"参与"积分。

全院、全系集体参加的活动不加分。如校园文化艺术节开幕式、系迎新晚会观众等要求全体参加的活动。

全部活动以上级部门文件通知和学院文件通知为主，如班会、心理活动以学生处工作计划为准，不在计划中的内容需要通过 OA 提交申请。

六、活动补发申请

（1）非竞赛类第二课堂活动需要现场发布，竞赛类活动第二课堂发布时间为总决赛结束后。

（2）如果因特殊原因不能现场发布，各系的补录时效为 15 天内。超出补录时效的活动不再补录。

七、活动分类

"第二课堂成绩单"项目活动分为七个板块，每个板块学分名称尽量符合以下板块类别要求（如果确实无法归类，可咨询团委基层组织建设部）。

（一）思想政治素养类

（1）形式政策与报告讲座等思想政治教育类活动。

（2）青年马克思主义者培养工程等党、团校培训并结业。

(3) 思想政治教育类知识竞赛（如党的十九大知识竞赛）和思想政治教育类征文评选。

(4) 优秀团员、团干部、志愿者、桃李之星以获奖文件或证书为认证标准。获得多项荣誉加最高分，不累计。

(5) 团课、班会、团日活动。此项活动为班级活动，如果系级邀请专家领导主讲团课，可以归类为思想政治教育类系级活动。

(6) 见义勇为、拾金不昧等先进事迹报道。

（二）社会责任担当类

(1) 大学生志愿服务西部计划、学雷锋志愿服务活动和服务地区各项赛事。校内志愿服务活动班级社团级别的每次 0.5 积分，系级的每次 1 分，校外由指导教师填写申请单。班级大扫除、系里大扫除、寝室大扫除、分担区内扫雪属于班级集体劳动，劳动时间周属于劳动实践课程，不再单独加分。分担区外扫雪、参观校园宣传栏、打扫实训室、大型活动志愿者抬凳子等可以按照班级志愿服务发起活动，如重大活动需要发起系级以上志愿者活动，相关活动文件由系主任审核。

(2) 注册志愿汇并累计时长达 10 个小时，每学期加 2 分，学期末团总支上报该活动加分学生名单，团委审核后，学期末由各系填写表格后统一补录。

（三）实习实践能力类

(1) 劳动实践特别指劳动时间周，分数为 1 分，以班级为单位发起，每学期完成的班级发起 1 次。

(2) 大学生暑期"三下乡"活动按照班级、系、院、省、国家团队等级依次加分，班级由班级发起，系由系学生会发起，院、省、国家由院团委发起。

(3) 团干部挂职锻炼由系里通过学期末申报形式补录，每年一次。

（四）创新创业能力类

(1) "挑战杯"大学生课外学术科技作品竞赛、"创青春"全国大学生创业大赛、"互联网＋"创新创业大赛等赛事，由主办部门填写申请单后，由各系团总支发布。

(2) 参加创业培训由主办部门填写申请单后，学期末由各系填写表格后统一补录。

（五）文体素质拓展类

(1) 参加文艺演出、体育项目（非竞赛）等活动。文艺演出取消班级类活动，班级体育活动按照班会（素质拓展）发起，每次0.5分，由各系团总支负责审核。

(2) 有奖项设置的活动按照获奖级别发布。

(3) 参加运动会方阵、团体操、广场舞方阵加3分，展板方阵加4分。

（六）青年成长履历类

学生干部工作每学期加分1次，如果班级、系学生会、社团都有职务，不累计加分，只加其中最高项。护校队、宣讲团等按照系、院两级学生会部门发放学分。此项加分每学期末各系填表后统一补录。

（七）技能培训认证及大赛

(1) 职业技能培训及证书，以取得的证书或成绩单为准，各系团总支书记审核。职业证书包括英语、计算机和专业资格证书。除此之外的证书加分由团委复审后加分。此项加分每学期末各系填表后统一补录。

(2) 参与职业技能大赛。

八、活动学分/积分补录及特殊贡献类学分/积分补录办法

(1) "第二课堂成绩单"项目活动,学生因故应取得学分/积分或活动记录,但未正常取得的,由系部团总支向院团委第二课堂活动部提出申请,并填写《第二课堂成绩单学分/积分补录申请表》,经核准后予以补录。

(2) 凡在"到梦空间"网络管理系统无法按照一般活动发起,但符合"第二课堂成绩单"积分学分获取要求的活动(如学院运动会取得奖项、发表学术文学著作、发明专利、见义勇为获奖、获得市级以上比赛奖项等),可由各系部团总支向院团委第二课堂活动部提交《第二课堂成绩单学分/积分补录申请表》,进行特殊成就类学分的录入。

参考文献

[1] 曾剑雄,宋丹,高树仁. 大学生第二课堂研究:历程、焦点与前瞻[J]. 重庆高教研究,2017(6).

[2] 周国桥. "三全育人"视阈下高校第二课堂育人的创新探索[J]. 学校党建与思想教育,2020(625).

[3] 邹文通,何伟,薛琳. "第二课堂成绩单"制度的内涵、功能和意义[J]. 集美大学学报,2018(5).

[4] 胡博闻,李守明. 高校第二课堂建设存在的问题与对策[J]. 沈阳大学学报,2018(6).

[5] 刘奇. 高校第二课堂建设研究[J]. 教育与职业,2014(6).

[6] 安美忱,张卫国. 高校第二课堂教育探析[J]. 教育探索,2016(5).

[7] 乔江艳,孙伟. 高校第二课堂育人功能与机制研究[J]. 长春工程学院学报,2016(1).

[8] 吴疆鄂,唐明毅,聂清斌. 高校共青团"第二课堂成绩单"运行机制探究[J]. 学校党建与思想教育,2019(601).

[9] 曾剑雄,宋丹. 基于第二课堂的大学生核心竞争力培养探索[J]. 教育与教学研究,2018(2).

[10] 温永强,闫晓静,郝昀山,等. 思想政治教育第二课堂存在的问题与对策分析[J]. 成都中医药大学学报,

2018（3）.

[11] 韩宪洲. 整体把握"三大规律"的主要特征推进高校思想政治工作改革与创新［J］. 思想教育研究，2018（4）.

[12] 安达. 内蒙古地区高校大学生马克思主义民族观教育创新研究［J］. 教育观察，2016（12）.

[13] 刘伟. 应用型高校"第二课堂成绩单"课程项目供给初探：以太原工业学院为例［J］. 高教论坛，2019（5）.

[14] 曾德生. 充分发挥第二课堂思想政治教育价值［J］. 中国高等教育，2018（8）.

[15] 万立超，孔柠檬. 新时代高校第二课堂发挥思想引领作用探析［J］. 科教导刊，2019（27）.

[16] 刘彩琴，任源，祁凤华. 新时代高职院校第二课堂德育化探讨［J］. 职业与教育，2019（18）.

[17] 丁祥艳. 加强思想引领，着力实践育人：玉林师范学院"听读写说行"五位一体第二课堂育人体系的探索与实践［J］. 玉林师范学院学报，2019（3）.

[18] 陶伟华，刘秀. "三层七类"全方位思想政治教育实践育人模式的构建与实践：以中国计量学院为例［J］. 思想教育研究，2017（7）.

[19] 刘川生. 高校实践育人工作有效机制研究［J］. 思想理论教育导刊，2016（12）.

[20] 刘宏达，许亨洪. 我国高校实践育人共同体建设的内涵、问题及对策研究［J］. 华中师范大学学报，2016（5）.

[21] 冯刚, 王栋梁. 实践育人创新发展的理论思考和实现路径研究 [J]. 学校党建与思想教育, 2018 (558).

[22] 孔志光. 基于核心素养培育的高职实践育人"三全四化"模式构建 [J]. 学校党建与思想教育, 2018 (573).

[23] 方正泉. 高校社会实践育人实效性探析 [J]. 学校党建与思想教育, 2018 (562).

[24] 任世雄. 把握校园文化育人内涵, 增强校园文化育人实效性 [J]. 思想教育研究, 2015 (4).

[25] 王明生, 王叶菲. 改革开放以来高校文化育人的回顾与思考 [J]. 思想理论教育, 2018 (12).

[26] 吴翼泽. 高校人才培养中文化育人的路径探析 [J]. 思想教育研究, 2015 (3).

[27] 李一鸣. 高校学生社团育人路径研究 [J]. 南昌教育学院学报, 2019 (3).

[28] 江胜珍, 韩姝君. 近年来国内高校文化育人研究综述 [J]. 创新与创业教育, 2018 (5).

[29] 程刚. 新时代高校文化育人途径探析 [J]. 思想政治工作研究, 2018 (10).

[30] 张红丽, 王红. 新时代高职院校文化育人共同体建设 [J]. 教育管理, 2019 (6).

[31] 吴佳家, 李云舒. 以第二课堂为依托建构校园文化活动的现状剖析 [J]. 文化创新比较研究, 2019 (33).

[32] 裴学进. 新时期高校文化育人研究综述 [J]. 山西高等学校社会科学学报, 2015 (4).

[33] 陶好飞, 陈玲, 黄戈林. 高校"第二课堂成绩单"制

度关键结构及发展研究[J]. 新疆师范大学学报, 2019 (4).

[34] 王鹏, 刘晓闯. 高校共青团"第二课堂成绩单"制度量化评价体系建设研究[J]. 青年发展论坛, 2018 (3).

[35] 王刘涛, 贺德稳. 应用型本科院校构建第二课堂实践教学体系研究[J]. 煤炭高等教育, 2014 (2).

[36] 王军, 张淑玲, 张建强. 大学生社团管理模式存在的问题及对策[J]. 学校党建与思想教育, 2015 (2).

[37] 郑永廷. 大学生思想政治教育质量提升的理论研究[J]. 思想教育研究, 2013 (6).

[38] 何颖. 应用型本科院校大学生学科竞赛活动的保障机制[J]. 江苏社会科学, 2011 (2).

[39] 刘晓军. 江苏高职教育供给侧改革的目标、任务与路径[J]. 教育与职业, 2017 (24).

[40] 杨乾坤, 赵树平, 梁昌勇. 基于"第二课堂成绩单"构建"大数据+思想政治教育"质量评价体系[J]. 黑龙江高等教育, 2020 (2).